JN114199

ナツメ社
保育シリーズ

子どもの育ちをサポート！

生活とあそびから見る「10の姿」まるわかりBOOK

横山 洋子 著

ナツメ社

はじめに

「10の姿」を味方にしよう

「幼児期の終わりまでに育ってほしい姿」(10の姿)は、就学前の子どもの姿を具体的に示したものです。初めて読んだ際にびっくりしませんでしたか？ 「こんなに立派な姿になってなくてはいけないの？」「それを保育者に求めるの？」と。

ご安心ください。この「10の姿」は決して到達目標ではありません。これは、子どもの育ちを見る視点です。5歳児の子どもを「10の姿」に照らしてぞっとするものではなく、3歳児のちょっとした育ちの中に「あ、思考力の芽がある」とワクワクするためのものなのです。

本書は「10の姿」を味方にするために生まれました。「10の姿」それぞれの原文を分解し、何を目指しているのか分かりやすく示しました。そして、それを写真とマンガを用いてやさしく解説し、日頃の保育の中で使えるかたちにしたのです。

目の前の子どもは、この先、数十年を歩んでいく存在です。その一歩一歩を自分の足でより豊かに生き抜くために育てたい力が、この「10の姿」の中にあるのです。そう考えると、私たちの仕事は何とやりがいのある仕事でしょう。子どもたちの未来を支える大切な礎をつくっているのです。

子どもは、嫌々させられていることでは育ちません。自ら やりたいと思ったことに取り組み、自分で考えることで力を付けていきます。子どもの主体性を大事にした園生活で、「10の姿」のキーセンテンスを子どもの中に見付けてください。豊かな経験から育まれる力に目を向けてください。本書が、保育者と子どもたちの笑顔の一助になれば、これに勝る喜びはありません。

横山洋子

本書の特長と見方

1 写真で見る「10の姿」

「10の姿」が一目で分かるように、実際の園の写真を交えて解説。
新人保育者も写真を見ながら理解がすすみます。

原文（教育要領、保育指針、教育・保育要領）を、掲載。

実際の園での写真を「10の姿」に対応。キャプションからその関連性も分かります。

写真で見る10の姿

健康な心と体

原文

幼稚園生活（保育所の生活・幼保連携型認定こども園における生活）の中で、充実感をもって自分のやりたいことに向かって心と体を十分に働かせ、見通しをもって行動し、自ら健康で安全な生活をつくり出すようになる。

「健康な心と体」は、子どもが自分のやりたい遊びに取り組む中で、心と体を十分に働かせることで育まれます。まずは「園で過ごす時間が楽しい」と感じられる環境・保育を用意することが大前提。もう一つのポイントは、子どもが自分で自分の安全や健康を守れるようになること。毎回、大人が指示するのではなく、子どもが自ら判断して健康的で安全な行動をとれるよう、支援をすることが望まれます。

キーセンテンス 1

自分のやりたいことに取り組み、充実感を得る

「健康な心と体」の原文でまず注目したいのは「やりたいことに向かって心と体を十分に働かせ」という部分です。そのためには、子どもが能動的に自分でやりたいことを見付け、自分

円形ドッジボールで、思い切り体を動かします。スリルと充実感を存分に味わっています。

で決められる環境が不可欠です。

なぜなら、子どもは主体的に取り組むからこそ、遊びをもっとおもしろくするために考え工夫し、思い通りにできて嬉しい、うまくできなくて悔しいなど様々な感情を体験します。そして「悔しいけど、もう一回挑戦しよう」と諦めずに取り組むことで心と体の強さ、しなやかさが養われます。これは大人に指示されたことを受動的にするだけでは、経験できないことです。

日頃の保育の中でも、登園した子どもが「今日は何をしようかな？　ぼくはブロック」「昨日ここまでやったから、今日は続きをしよう」

18

なわのネット登りに挑戦。足元がゆらゆらしても、手でなわをしっかりつかんでいるから平気

ゆらゆらが、楽しい！

と、ワクワクしながら自らやりたいことを選べる環境を保障しましょう。併せて、それぞれの子が好きな遊びに十分にうち込める時間も確保したいものです。

キーセンテンス 2

先の見通しをもって行動する

自分の健康を守り、安全に行動するためには「先の見通し」をもって行動することも重要です。たとえば、外遊びが終わったら昼食を食べる前に手を洗う、寒い季節には外に出る前に上着を着るなど、次の活動や次に起こりそうなことを思い描きながら、その状況に合わせた行動をとれるようになる必要があるからです。

また「ここから飛び降りたら危ない」「棒を振り回すと友達に当たるかもしれない」「積み木を高く積みすぎると、頭や顔に落ちてくるかもしれない」など、危険を予測・察知すること

も見通しの一つといえます。

見通す力を養うには、3歳児から保育室にカレンダーを貼り、遠足や運動会などの行事がだんだん近づくことを感じられるように、時間の感覚を意識できることを増やすといいでしょう。見通しをもって準備を進めることで活動や行事がより楽しみになるメリットもあります。5歳児なら、一日単位や週単位の活動計画を掲

昼寝の前にはトイレ

次の活動の前には、ト…見通しをもち自分で…

写真で見る10の姿

健康 自立 協同 道徳 社会 思考 自然 数字 言葉 表現

インデックス付きなので、学びたい「10の姿」がすぐ探せます。

第1章　写真で見る「10の姿」→16ページ～

写真やイラストからどんな環境か、一目で分かります。

「10の姿」に盛り込まれている要素を、分かりやすくキーセンテンスで紹介。

第3章　「10の姿」を育む保育環境→108ページ～

2 マンガで見る「10の姿」

第1章で学んだ後は、事例マンガを通して子どものどのような姿が「10の姿」なのかを確認します。多角的な視点から捉えることができます。

園でよくある遊びの場面や行事などの事例を、12本のマンガで掲載しています。

マンガは、おおたきょうこ・倉田けい・sayasans・ヤマハチ　4人の人気イラストレーターで楽しく紹介。

子どものどんな言動が「10の姿」に結びつくのかを、丁寧に解説します。

子どものどのような行動で、「10の姿」が育まれるのかを図で説明。

事例から読み取れる保育者の援助や、今後の手立てなどを解説します。

第2章　事例マンガで見る「10の姿」→ 58ページ～

3 文例で見る「10の姿」

1章、2章を理解し「10の姿」の視点も分かったら、要録もバッチリ。
ここでは「10の姿」に合わせた文例を豊富に掲載。使いたい文例が見つかります。

各項目16本の文例を掲載しています。解説付きで理解もすすみます。

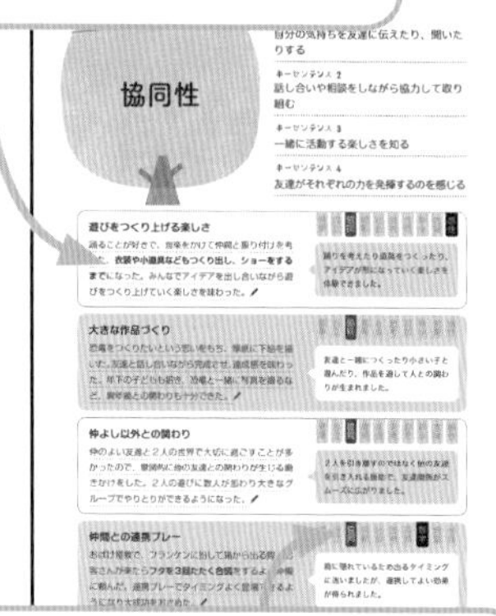

要録に記入する際の言葉使いについては、4コママンガで紹介します。

文例から読み取れる「10の姿」を色付けしています。対応文は色文字にしてあります。

第4章 「10の姿」要録・文例集→134ページ～

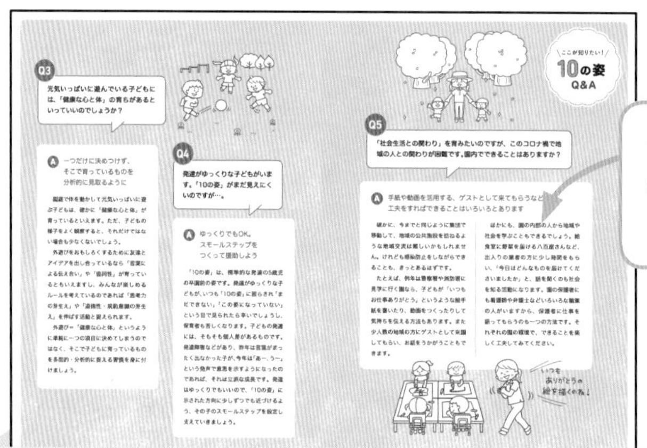

保育者から寄せられた「10の姿」のよく分からない点にずばりと答えています。

ここが知りたい！ 「10の姿」Q＆A→129ページ～

もくじ

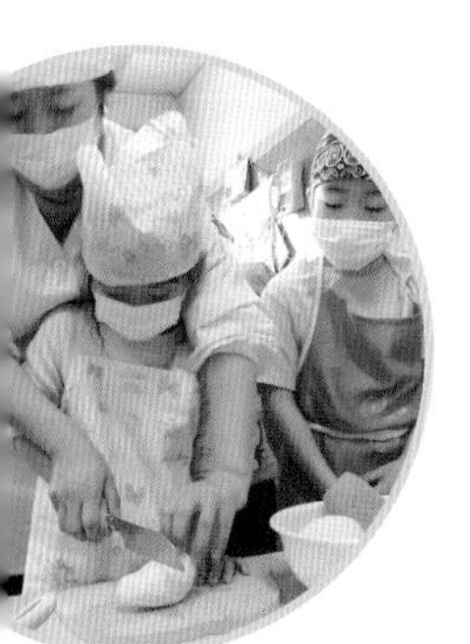

第2章 事例マンガで見る「10の姿」◆58

第3章 「10の姿」を育む保育環境 • 108

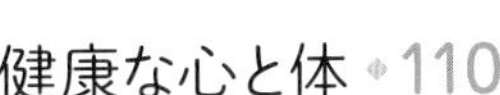

第4章 「10の姿」要録・文例集 • 134

文例集

未来を生き抜くために
「幼児期までに育てたい力」とは

近年の研究で、幼児教育がその後の「生きる力」の基盤になることが分かりました。教育要領、保育指針、教育・保育要領に盛り込まれた幼児期までに育てたい力について、再確認しておきましょう。

どんどん変化する未来を生き抜くために、幼児期にこそ育てておきたい力があります。

育みたい資質・能力の「3つの柱」

平成30年度施行の新しい教育要領、保育指針、教育・保育要領では、これからの時代を生き抜くために子どもたちに育てたい力について、より具体的に示しています。

幼児教育で育みたい資質・能力を表しているのが、①知識及び技能の基礎、②思考力、判断力、表現力等の基礎、③学びに向かう力、人間性等という「3つの柱」です。

①知識及び技能の基礎とは、豊かな経験を通じて感じたり、気付いたり、分かったりする力です。子どもが世界を理解していく過程で必要となる知識・技能を指します。

②思考力、判断力、表現力等の基礎は、①の知識・技能も使いながら、考えたり、試したり、工夫したり表現したりする力です。思考力や判断力は子ども自身の中で深まり、熟成していくものであり、その考えなどをアピールする力が表現力です。

③学びに向かう力、人間性等とは、心情・意欲・態度が育つ中で、学んだことを生かし、よりよい生活を目指す姿勢です。何かに挑戦しようという意欲や、人としてよい生き方をしようという心持ちです。

豊かな経験を通して学ぶ幼児期。「なんだろう」「不思議だな」「おもしろい」と心が動く瞬間を大切に。

これからの時代に必要な「非認知能力」

このうち、**①知識及び技能の基礎は、訓練することによって伸ばしたり、テストで測ったりすることができる、いわゆる「認知能力」のことです。それに対して②思考力、判断力、表現力等の基礎や、③学びに向かう力、人間性等は、テストで数値化することができない力であり、「非認知能力」**と呼ばれるものです。

これからの時代を生き抜くには、このような非認知能力が重要と考えられます。技術が進歩し、世界が急速に変化していく中では、主に知識の定着を目指す従来の学力以上に、自分の頭で考え、判断し、いろいろな物事に対応できる力が求められるからです。特に、試行錯誤をしながら考えたり工夫したりする、友達や周囲の人と協同的に活動する、困難があっても簡単に諦めずに最後までやり抜く、そのような力を幼児期に養うことが求められるのです。

ときには失敗も経験しながら、仲間とアイデアを出し合い、試行錯誤するなかで、非認知能力が育まれます。

【 育みたい資質・能力 】

学びに向かう力、人間性等
心情、意欲、態度

- 思いやり
- 安定した情緒
- 自信
- 相手の気持ちの受容
- 好奇心、探求心
- 葛藤、自分への向き合い、折り合い
- 話合い、目的の共有、協力　等

思考力、判断力、表現力等の基礎
考えたり、試したり、工夫したり、表現したりする

- 試行錯誤、工夫
- 予想、予測、比較、分類、確認
- 他の幼児の考えなどに触れ、新しい考えを生み出す喜びや楽しさ
- 言葉による表現、伝え合い
- 振り返り、次への見通し　等

知識及び技能の基礎
感じたり、気付いたり、分かったり、できるようになったりする

- 基本的な生活習慣や生活に必要な技能の獲得
- 身体感覚の育成
- 規則性、法則性、関連性等の発見
- 様々な気付き、発見の喜び
- 日常生活に必要な言葉の理解　等

園の環境の中で「3つの柱」を育てることが「10の姿」や、小学校以降の学びにつながります。

「環境を通した教育」で育つ幼児期の終わりの「10の姿」

資質・能力の「3つの柱」は、それぞれがきっぱり分けられるものではありません。右図のように3つが重なり合い、小学校・中学校・高校へと続く「学びの土台」となります。活動の一つ一つが3つのどれに当たるのかと分類する必要はなく、子どもの学びと育ちを見る観点として大きく捉えるべきでしょう。

実際の幼児教育では、「3つの柱」を育てるために5領域の視点（0歳児は3つの視点）で捉えます。健康、人間関係、環境、言葉、表現というそれぞれの視点で、教育・保育計画を考えます。

また幼児期の教育は、「環境を通して行う」のが特徴です。保育者は、子どもが自分でやりたい遊びを選び、夢中になって続けられる環境、自分の思いを伝えたり、周りの人の考えに耳を傾けたりできる環境、うまくいかなくてもすぐに諦めず、工夫や挑戦を繰り返せる環境、そのような環境を整え、援助をするのです。

そして**「3つの柱」を育み、幼児期の終わり（5歳児後半）に見られる姿を10項目にまとめたものが「幼児期の終わりまでに育ってほしい姿（10の姿）」です。**「10の姿」に挙げられた子ども像を意識しながら、それぞれの年齢・発達に合わせて教育・保育を構築しましょう。

【乳幼児の教育】環境を通して行う教育

小・中・高等学校

知識、技能

思考力、判断力、表現力等

学びに向かう力、人間性

幼児期

幼児期の終わりまでに育ってほしい　10の姿

健康な心と体　自立心　協同性　道徳性・規範意識の芽生え　社会生活との関わり

思考力の芽生え　自然との関わり・生命尊重　数量や図形、標識や文字などへの関心・感覚　言葉による伝え合い　豊かな感性と表現

幼稚園・こども園・保育園

5領域の視点

健康　人間関係　環境　言葉　表現

乳児期

3つの視点

身体的発達　社会的発達　精神的発達

育みたい資質・能力

3つの柱

生涯にわたって生きる力の基盤をつくる

知る考える等　知的な力

知識及び技能の基礎

思考力、判断力、表現力等の基礎

学びに向かう力、人間性等

意欲をもって取り組む等　情意的な力

生活や遊びの中から

「10の姿」を捉えよう

教育要領、保育指針、教育・保育要領に示された「幼児期の終わりまでに育ってほしい姿（10の姿）」は、子どもの“到達目標”ではありません。各園の教育・保育の質を上げるために活用しましょう。

「10の姿」が表れるために今、保育者がすべきこと

「幼児期の終わりまでに育ってほしい姿（10の姿）」は幼児期の終わり、すなわち就学前の時期の子どもの具体的な姿を表したものです。これは幼児期にどのような力を育てるかを示すとともに、幼児教育施設で育った力を小学校以降につなげ、さらに伸ばすためのものです。

注意したいのは、**「10の姿」は「ここまで育てなければいけない」という到達目標ではないということです。**また個々の子どもがどこまで育ったかを調べるチェック項目でもありません。幼児教育の中での「10の姿」は、教育・保育の質を上げるためのものと考えるべきでしょう。

卒園までに「10の姿」が育つためには、5歳児、4歳児、3歳児、それぞれの年齢・発達の子どもにどのような活動を計画し、どのような経験をさせればいいか。保育者は、「幼児期に終わりに『10の姿』が表れるために、私は今、何をすればよいか」と考えることが求められます。

原文

幼児期の終わりまでに育ってほしい姿

次に示す「幼児期の終わりまでに育ってほしい姿」は、第2章に示すねらい及び内容に基づく(保育)活動全体を通して資質・能力が育まれている幼児(子ども・園児)の幼稚園修了時(小学校就学時・幼保連携型認定こども園修了時)の具体的な姿であり、教師(保育士等・保育教諭等)が指導を行う際に考慮するものである。

「幼稚園教育要領」「保育所保育指針」「幼保連携型認定こども園教育・保育要領」より

10の姿

- 健康な心と体
- 自立心
- 協同性
- 道徳性・規範意識の芽生え
- 社会生活との関わり
- 思考力の芽生え
- 自然との関わり・生命尊重
- 数量や図形、標識や文字などへの関心・感覚
- 言葉による伝え合い
- 豊かな感性と表現

多様な子どもの育ちを支え、小学校へとつなげる

ただし、「10の姿」を育てるために「5歳児にはもっと話し合いをさせよう」「協同的な活動を増やそう」とするあまり**保育者が一律に指示してやらせる、というのは違います。**子どもは一人ひとり個性があり、興味・関心も、育つ道筋も異なります。それぞれの子どもが自らやる気をもって取り組むためはどうすればいいか。「主張が強い活発なAくんにはよくても、おとなしいBちゃんにはどうかな」と、保育者が常に考え続けなければなりません。**そのような丁寧な関わりと振り返りを続けることで、教育・保育の質が向上していきます。**

また当然ですが、「10の姿」は保育者を苦しめるものでもありません。「10の姿」と目の前の子どもの姿を照らし合わせ、「あれも、これもできていない」と焦りを感じる必要はないのです。「10の姿」は、幼児期の終わりにすべてがきれいに揃うわけではなく、就学後も継続して育つものと考えましょう。「10の姿」に挙げられた方向に向かい、少しずつでも近づいているならOKです。

就学前には、そのような子どもの個性と豊かな育ちを捉え、指導要録などで小学校へと伝えましょう。

ここに留意しよう

- 到達目標ではない
- 子どものチェック項目ではない
- その子なりの育ちを見る

包丁で切れた

「10の姿」に向け、各年齢の子どもにどのような経験をさせたいか検討します。

子ども一人ひとりの育ちに合わせ、適切な援助を考え続けることが教育・保育の質を上げます。

第1章
写真で見る「10の姿」

この章では、「10の姿」の原文を、より分かりやすく“キーセンテンス”に分けて解説しています。園での子どもの写真もあるので、一目で理解できます。

「10の姿」をキーセンテンスで紹介してます

健康な心と体

1. 自分のやりたいことに取り組み、充実感を得る
2. 先の見通しをもって行動する
3. 安全・健康について知る、学ぶ
4. 基本的な生活習慣を身に付ける

協同性

1. 自分の気持ちを友達に伝えたり、聞いたりする
2. 話し合いや相談をしながら協力して取り組む
3. 一緒に活動する楽しさを知る
4. 友達がそれぞれの力を発揮するのを感じる

社会生活との関わり

1. 家族を大切にする
2. 地域の人たちや行事などに触れ、地域に親しみをもつ
3. 人の役に立つ喜びを感じる
4. 必要な情報を取り入れる
5. 公共の場などを通して社会とのつながりを知る

自然との関わり・生命尊重

1. 自然の変化に気付く
2. 感動する体験を通して、自然に関心をよせる
3. 身近な動植物を大切にする
4. 動植物を通して生命の尊さを知る

言葉による伝え合い

1. 絵本や物語に親しむ
2. 豊かな表現や言葉の楽しさに関心をよせる
3. 経験したことや考えたことを伝える
4. 相手の話を聞き、伝え合いを楽しむ

自立心

1. すべきことを自分から行う
2. 自分で考えたり、工夫したりする
3. 最後まで物事をやり遂げようとする
4. やり遂げたことで達成感・満足感を得る

道徳性・規範意識の芽生え

1. してよいことや悪いことが分かる
2. 自分の行動を振り返る
3. 相手を思いやる
4. きまりの必要性を知り、自ら考えてつくったり守ったりする
5. 自分の気持ちをコントロールし、友達と折り合いを付ける

思考力の芽生え

1. 物の性質や仕組みに気付く
2. 予想したり工夫したりしながら物と積極的に関わる
3. 自分とは違う考えもあることに気付き、見方を深める
4. 自分で判断し、新しい考えを生み出すことを喜ぶ

数量や図形、標識や文字などへの関心・感覚

1. 数量に親しみ、大小や順番に気付く
2. いろいろな図形に興味をもつ
3. 標識の役割に気付く
4. 文字に親しみ、活用する

豊かな感性と表現

1. 心を動かす体験をし、その感情を味わう
2. 様々な素材や表現方法を知り、やってみようとする
3. 感じたことを音や動きなどで表現する
4. 友達と一緒に表現することを楽しむ

健康な心と体

原文

幼稚園生活（保育所の生活・幼保連携型認定こども園における生活）の中で、充実感をもって自分のやりたいことに向かって心と体を十分に働かせ、見通しをもって行動し、自ら健康で安全な生活をつくり出すようになる。

「健康な心と体」は、子どもが自分のやりたい遊びに取り組む中で、心と体を十分に働かせることで育まれます。まずは「園で過ごす時間が楽しい」と感じられる環境・保育を用意することが大前提。もう一つのポイントは、子どもが自分で自分の安全や健康を守れるようになること。毎回、大人が指示するのではなく、子どもが自ら判断して健康的で安全な行動をとれるよう、支援をすることが望まれます。

キーセンテンス 1

自分のやりたいことに取り組み、充実感を得る

「健康な心と体」の原文でまず注目したいのは「やりたいことに向かって心と体を十分に働かせ」という部分です。そのためには、子どもが能動的に自分でやりたいことを見付け、自分

円形ドッジボールで、思い切り体を動かします。
スリルと充実感を存分に味わっています。

で決められる環境が不可欠です。

なぜなら、子どもは主体的に取り組むからこそ、遊びをもっとおもしろくするために考え工夫し、思い通りにできて嬉しい、うまくできなくて悔しいなど様々な感情を体験します。そして「悔しいけど、もう一回挑戦しよう」と諦めずに取り組むことで心と体の強さ、しなやかさが養われます。これは大人に指示されたことを受動的にするだけでは、経験できないことです。

日頃の保育の中でも、登園した子どもが「今日は何をしようかな？　ぼくはブロック」「昨日ここまでやったから、今日は続きをしよう」

なわのネット登りに挑戦。足元がゆらゆらしても、手でなわをしっかりつかんでいるから平気。

と、ワクワクしながら自らやりたいことを選べる環境を保障しましょう。併せて、それぞれの子が好きな遊びに十分にうち込める時間も確保したいものです。

キーセンテンス 2

先の見通しをもって行動する

自分の健康を守り、安全に行動するためには「先の見通し」をもって行動することも重要です。たとえば、外遊びが終わったら昼食を食べる前に手を洗う、寒い季節には外に出る前に上着を着るなど、次の活動や次に起こりそうなことを思い描きながら、その状況に合わせた行動をとれるようになる必要があるからです。

また「ここから飛び降りたら危ない」「棒を振り回すと友達に当たるかもしれない」「積み木を高く積みすぎると、頭や顔に落ちてくるかもしれない」など、危険を予測・察知することも見通しの一つといえます。

見通す力を養うには、3歳児から保育室にカレンダーを貼り、遠足や運動会などの行事がだんだん近づくことを感じられるように、時間の感覚を意識できることを増やすといいでしょう。見通しをもって準備を進めることで活動や行事がより楽しみになるメリットもあります。5歳児なら、一日単位や週単位の活動計画を掲

次の活動の前には、トイレを済ませておきます。
見通しをもち自分で行動を決めます。

必要に応じて自分で着替えます。自ら健康な生活をつくり出しています。

示し、「この後は何をするんだっけ？」と問いかけ、子ども自身に計画を思い出させる、ということも見通しをもって行動する力を身に付けるための援助になります。

キーセンテンス 3

安全・健康について知る、学ぶ

就学後は、子どもが大人の目の届かないところで行動する機会がぐんと増えます。子どもが自分で自分の身を守れるようになるためには、そのための知識を年齢・発達に合ったかたちで学び、身に付ける必要があります。

ウイルスや感染症から身を守るには手洗いとうがいが大切なことや、交通事故にあわないために覚えたい交通ルールなどは、絵本や紙芝居などの各種教材を活用しながら、繰り返し学ぶといいでしょう。野菜を育てて収穫する、調理するという活動も、食物に興味をもったり栄養について学んだりするよい機会になります。

また最近は、地震や風水害などの自然災害も各地で起きています。災害時の適切な行動や避難経路等も、毎月の訓練を通して身に付けさせてください。子どもを狙った犯罪についても、相手が手を伸ばしてもつかまらないくらいの距離をとる、走って逃げる、危険を感じたときは「嫌だ」「助けて」と大声を出すなど、いざというときに行動できるよう訓練しておくと安心です。

もしも地震が起こったらどのように行動するかを、避難訓練で学びます。

言われなくても必要だと感じたら、自分で水分補給します。水筒も自分で管理します。

キーセンテンス 

基本的な生活習慣を身に付ける

「10の姿」では「健康な心と体」となっていますが、特に子どもの「心」と「体」は分けて考えることができません。心が弱っていると体にも不調が出ますし、反対に友達とけんかをしたり、保護者に叱られたりして嫌な気持ちでいても、体を動かすと気分が晴れることもあります。心と体を一体として捉え、明るく健やかに生活を送れるよう援助しましょう。

「健康な心と体」の一番の基本になるのは、やはり規則正しい生活です。決まった時刻に眠り、決まった時刻に起きて、栄養のバランスのとれた食事を3食とるという習慣を、家庭と連携して支えることが肝要です。

活動の節目、食事の前、トイレの後には自発的に手を洗う習慣が身に付いています。

着脱や食事、排泄、片付け・整理整頓という生活習慣については、幼児期の後半になると基本的な部分は身に付いていきます。ただし、幼児期にすべてが完全にできるわけではありませんし、子どもによって個人差もあります。園では、大人の指示がなくても、子どもが自分から行動できるよう根気よく促しましょう。

自分で食べられるだけの量を盛り付け、友達と食事を楽しみます。

みてみて、
これがお米だよ

自立心

原文

身近な環境に主体的に関わり様々な活動を楽しむ中で、しなければならないことを自覚し、自分の力で行うために考えたり、工夫したりしながら、諦めずにやり遂げることで達成感を味わい、自信をもって行動するようになる。

「自立」とは、他の援助や支配を受けず、自分の力で身を立てることです。一方、「自律」は外部からの制御を脱して自身の規範にそって行動することです。自立と自律、どちらも育てる必要があります。幼い子どもは、いきなり自立も自律もできるわけではありません。今はできなくても「いつかはできるようになる」と自分を信じる気持ちをもてるよう、必要な援助を重ねましょう。

キーセンテンス 1

すべきことを自分から行う

「自立心」の原文には「しなければならないことを自覚し」とあります。これは、そのときどきに自分がしなければならないことを知る必要がありますし、それを人に言われなくても自分からしようとする態度を育むことが重要です。

たとえば、遊具の片付けや食後の歯磨きなども、大人が指示をしたから動くのではなく、「片付けをしておかないと、次に使うときにみんなが困る」「歯を磨かないと虫歯になるかもしれないし、口の中も気持ちが悪い」など、子どもが必要な理由を理解し、納得して動けるよう導きます。

相手の食べられる量に配慮して盛り付けます。
当番の仕事を責任をもってやり遂げています。

砂場道具を洗って分類します。明日も楽しく遊ぶためにしなければならないことを自覚します。

反対に、いつも「〜しなさい！」「いつになったらするの？」と指示や叱責を繰り返していると、「言われたらすればいい」という依存心を強めてしまいます。3歳児頃からは少しずつ「次は何をしたらいいかな？」と、子どもが気付けるよう声をかけましょう。子どもが自分で気付いて行動した際は「自分から気付けてえらいね」と、積極的に認める言葉をかけます。

キーセンテンス 2

自分で考えたり、工夫したりする

「自立心」の二つ目のキーセンテンスは、原文の「自分の力で行うために考えたり、工夫したりしながら」という部分です。

子どもが自分で考えられるようになるためには、保育者が日頃から「○○ちゃんはどう思う？」「どうしたい？」と、考えることを促すよう関わる必要があります。なぜなら、「考える＝思考する」ためには、ぼんやりと感じたり思ったりしているだけでは不十分で、自分の考えや思いを言葉にすることが不可欠だからです。人前で発表をする活動なども、考えを言葉にする機会になります。どんなことであっても、子どもが自分の意見や考えを言葉にして言えたら、「それはいい考えだね」「よく考えられたね」と大いに認めてください。

また「工夫する」というのは、もっと遊びを楽しむため、あるいはうまくいかないことを乗り切るために「ほかに方法はないかな」「何を使えばいいかな」と考えをめぐらし、試行錯誤

カードゲームで、どのような作戦を取るか思案中。「これはこうだから…」と予想しながら考えます。

巨大すべり台でスピードが出すぎないよう、足を開いて調整します。試行錯誤の結果です。

することです。子どもが工夫し、試行錯誤をする過程で失敗はつきものです。ときにはあえて失敗も経験させ、それも含めて「自分で考えられたことがすばらしい」と伝えましょう。

キーセンテンス 3

最後まで物事をやり遂げようとする

キーセンテンスの三つ目は「諦めずにやり遂げる」という部分です。最近の子どもは失敗に弱い傾向があり、ちょっとしたことで心がポキッと折れてしまう子が多いようです。しかし、

逆上がり、大成功。始めはうまくできませんが、挑戦するうちに願いを実現します。

少々の困難にぶつかっても「へこたれない心」「諦めない心」「我慢強さ」などは、子どもが自立するうえで重要な非認知能力の一つです。難しいことや想定外の事態に直面した際も、簡単に諦めない心のタフさを身に付けさせたいものです。

とはいえ、就学前の子どもにとって「歯をくいしばって乗り越える」とか「つらい思いを我慢して続ける」といった経験が必要なわけではありません。諦めない心を育てるには、子どもが目標や憧れをもち、楽しくコツコツと続けられるような援助が求められます。たとえば、けん玉や跳び箱、鉄棒などは初めは誰だってうまくできません。けれども、コツコツと取り組んだら「できた！」という経験を繰り返すことで、「諦めずにやればできる」という感覚が育つのです。

缶ポックリでパカポコ。「やればできる」を感じ自己肯定感を高めます。

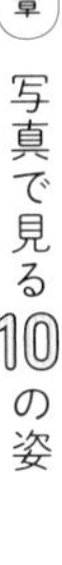

発表会では大勢のお客さんの前で、歌ったり踊ったり。みんなで力を合わせてやり遂げます。

けん玉にチャレンジ。今はできなくても将来きっとできると自分を信じて取り組みます。

キーセンテンス 4

やり遂げたことで達成感・満足感を得る

一般に簡単にできたことは、それほど達成感や充実感は得られないものです。「少し難しいことに挑戦してできた」、「たいへんなことも乗り越えて最後までできた」、「仲間と力を合わせてやり遂げられた」、そのような出来事に、人は深い充実感、達成感を感じます。前のキーセンテンスで取り上げた「やり遂げる」ができた際にこそ、子どもが達成感・満足感を十分に味わうための時間や機会をもうけましょう。

5歳児頃になると、仲間と協同して行う遊びや活動がぐんと増えます。発表会で、みんなで考えたダンスを最後まで踊りきれた、という場面では「かっこよかったね」「ダンスを見た人もとっても喜んでいたね」と喜びを分かち合いましょう。仲間やまわりの人と喜び合い、共感することが、深い充実感につながり、さらに次の活動に挑戦するエネルギーになります。そして、そのような経験を重ねることで子どもは自分自身の成長を実感し、自信をもって行動ができるようになるのです。

運動会の応援リーダー。自ら決めた役割で仲間と相談しながら、自信をもって行動します。

協同性

原文

友達と関わる中で、互いの思いや考えなどを共有し、共通の目的の実現に向けて、考えたり、工夫したり、協力したりし、充実感をもってやり遂げるようになる。

「協同」とは、自分の思いを伝え、相手の考えも聞いて理解しようとしながら、共通の目的に向かって一体となって行動すること。人が社会で生きていくうえで欠かせない力です。「協同性」を育むためには、仲間と力を合わせて取り組む「共通の目的」をもてるような環境・活動を用意することが大切です。仲間と助け合ったり、教え合ったりしながら“ともに成長する喜び”を感じられる保育を心がけましょう。

キーセンテンス 1

自分の気持ちを友達に伝えたり、聞いたりする

「協同性」の原文には、「互いの思いや考えなどを共有し」とあります。仲間との間で思いや考えを共有するためには、子どもが「自分の気持ちを友達に伝える」ことと「友達の考えを聞く」こと、この両方ができなければなりません。

まずは日頃から、子どもが自分の気持ちや考えを人に伝える場を積極的に設けましょう。子どもの個性によって、言葉が達者でよく話す子とポツポツとだけ話す子、ずっと黙っている子など差がありますが、ふだん言葉が少ない子にも「○○くんの考えを聞いてみよう」「△△ちゃんはどう思う？」と声をかけ、周りに伝わるように援助しましょう。

それと同時に、友達の考えをよく聞くという姿勢も養いたいものです。言葉の発達する4歳

マイクを持ち、自分の考えを友達に伝えます。聞いてもらう喜びも味わっています。

児、5歳児頃なら、子どもの発言がよく分からない場合は「それってこういうこと？」と保育者が確かめる、「○○くんの考えとは違うけれど、どう思う？」と一緒に考えるなど、相手の考えを理解するために“能動的に聞く”活動をすることにも意義があります。

図鑑を友達と一緒に見ながら、情報を共有します。言葉のやりとりも次の行動に生きるはず。

キーセンテンス 2

話し合いや相談をしながら協力して取り組む

子どもが友達と「互いの思いや考えなどを共有し、共通の目的の実現に」していくためには、子ども同士で話し合いや相談をするという経験が不可欠です。2人や3人という小集団から始め、4～5人のグループでなど、いろいろな規模、いろいろなメンバーで話し合いや相談の場をつくりましょう。

一般に話し合いは、人数が多くなるほど難しくなります。様々な考えが出てきますし、主張の強い子と従うだけの子に分かれるなどして、不満や不公平感が強くなる場合もあります。大人数のグループやクラス単位で話し合う際は、

同じ形の板積み木を積み上げて。背より高いタワーを構築中。力を合わせて取り組みます。

一部の子のみが意見を出して進める状況にならないよう、また控えめな子も自分の考えを出せるよう、保育者が目を配る必要があるでしょう。

5歳児後半になると、友達同士で意見の相違や衝突があっても、自分たちで話し合って解決することも増えます。ただやはり、すべてを子どもまかせにして放っておくのではなく「困ったときは相談して」と伝え、少し離れたところから見守るという援助を続けましょう。

集まって相談します。考えを出し合い、よりよい方法を探ります。

キーセンテンス 3

一緒に活動する楽しさを知る

「協同性」は、4歳児後半から5歳児頃にかけて急速に伸びていきます。平均的な発達の姿では、3歳児頃までは友達と同じ場にいることを楽しむ「平行遊び」の段階です。それが4歳児後半になると、同じ場所ではなく、同じ目的に向かって、それぞれの場所で行動するようになります。たとえば子どもたちの間で「秘密基地をつくろう」という話になり、そのためにAくんは室内で段ボールを切り、Bくんは外に落ち葉を探しに行く、別々の場所にいながら、一つのイメージを共有して遊んでいる、そのような姿が「協同性」の育ちです。

モザイク画の共同製作。みんなで図案を考え、石を貼り、つくり上げた喜びを味わいます。

また、この「協同性」を伸ばすには、仲間と一緒に活動することの楽しさを実感できることも重要です。保育者は「4人で力を合わせたから、大きくてかっこいい飛行場ができたね」など、仲間と力を合わせることのよさや楽しさを、事実で認める言葉をかけましょう。たとえ目的

園庭一面に落ち葉のじゅうたん。集める子、シャワーのように散らす子みんなで楽しみます。

もっと
集めようか

全園児が集まり、みんなで活動する楽しさを感じます。5歳児の姿は憧れになります。

を果たせなかったとしても、仲間と取り組んだことは悔しさや残念な気持ちも共有できます。そして同じ時間や思いを共有することが、仲間との絆を育てます。

キーセンテンス 4

友達がそれぞれの力を発揮するのを感じる

「協同性」の原文の後半には、「共通の目的の実現に向けて、考えたり、工夫したり、協力したりし、充実感をもってやり遂げる」とあります。ここで重要なのが、友達一人ひとりのよさはもちろん、欠点も含めて、互いの個性を認め合うことです。「Aくんは普段いばりんぼうだけど、おもしろい遊びのアイデアを出す」、「Bちゃんは泣き虫だけど、きれいな声で歌う」というようにお互いの個性を知ります。そしてそのような仲間と力を合わせることで、一人ではできないこともみんなで取り組むとできると実感します。みんなで力を合わせるとおもしろさが何倍にもふくらむことを知ると、協同的な遊びや活動がますます楽しくなるでしょう。

また5歳児頃では、協同的な遊びの中でもリーダー的な子が仕切るようなケースもあります。そのような場合「みんなが楽しむ」ために友達にゆずる、やりたそうな子に役割を与える、という気持ちも育てたいもの。子どもがそれぞれの持ち味を発揮して共通の目的を達成し、みんなで喜びを分かち合う、という経験を重ねると、クラス全体が伸びていきます。

段ボール箱を組み合わせ、自分たちの作品づくりに取り組みます。色を塗る係など役割分担をしています。

道徳性・規範意識の芽生え

原文

友達と様々な体験を重ねる中で、してよいことや悪いことが分かり、自分の行動を振り返ったり、友達の気持ちに共感したりし、相手の立場に立って行動するようになる。また、きまりを守る必要性が分かり、自分の気持ちを調整し、友達と折り合いを付けながら、きまりをつくったり、守ったりするようになる。

「道徳性」とは、その社会で生きていくための価値観といえます。基本的な価値観については、大人が幼いうちから教える必要があります。そして「10の姿」では「道徳性や規範意識の"芽生え"」となっているように、これは就学前に完成するものではありません。子どもは「悪いと知っていてもしてしまう」もの。失敗や葛藤を繰り返しながら長い時間をかけて育てるものと捉え、援助を考えましょう。

キーセンテンス 1

してよいことや悪いことが分かる

道徳性の根本となるのが「してよいことや悪いことが分かり」、それに基づいて自ら行動できるようになることです。0〜3歳児頃までは「人を叩いてはいけない」「人のものを盗らない」といった基本的な価値観・道徳観を、大人が責任をもって伝えましょう。子どもがよい行動を選択できた際には「そうだね」と認め、その価

かるたが取れず悔しくて泣くことも。友達の気持ちを感じながら、自分の行動を考えます。

値観を強めていきます。

幼児期後半からは、子どもが自分で判断できるよう少しずつ導きましょう。子どもが間違った判断をした場合は頭ごなしに叱らず、「本当にそれでいいかな、困ったことにならないかな？」と問いかけ、「○○ちゃんが泣いちゃったね。嫌な気持ちだったんだね」と相手の思いを伝えるなど、周りの状況から子ども自身が気付けるように援助します。

リレーでトラブルになる場合も。どうすることがよいのか、保育者と共に考えます。

キーセンテンス 2

自分の行動を振り返る

「自分の行動を振り返る」ことも、子どもが自分で判断できるようになるために必要なことです。ただ3歳児頃までは、記憶力や振り返る力もおぼろげです。前に教わったことを忘れ、してほしくない行動を繰り返す場合もありますが、本人に悪気はありません。手洗い場で何度も水遊びをする場合は、そのつど「ここで水遊びをすると床がびちゃびちゃになって滑って危ないね」と、してはいけない理由を根気よく伝えましょう。

5歳児頃には、自分のしたことに責任をとらせる必要があります。どうしてこうなったかの経緯を語らせることで、本人が気付く場合も多いものです。叱りすぎると、失敗やトラブルを隠したり、言い逃れをしたりするようになります。子どもの失敗で取り返しのつかないことはそれほどありませんから、叱りすぎないよう注意しましょう。

キーセンテンス 3

相手を思いやる

「誰かが困っていたら助けようとする」「相手が喜んでくれたら自分も嬉しい」など、人の気持ちを思いやる、人のために行動するということも道徳性のポイントです。泣く子をなぐさめる、友達に遊具をゆずるという思いやりの行動がみられた際は、「やさしいね」「○○ちゃんの

自分の生活の場を自分で掃除。みんなが心地よく暮らせるように行動しています。

年下の子と関わり、相手が喜ぶように考えて動きます。思いやりの気持ちが育ちます。

気持ちが分かったんだね」と大いにほめましょう。係活動で、自分の行動によってみんなが助かる、喜んでくれるという経験をするのもいいでしょう。

注意をしたいのは、自分の使っている遊具を友達に「貸して」といわれたら、自分が使いたくても貸さなければいけない、というような自己犠牲を求めすぎないことです。順番に使うなどの"痛み分け"は必要ですが、一方に我慢や自己犠牲を強いるのは不公平です。自分も他者も幸せになる道を探れるようにしましょう。

キーセンテンス 4

きまりの必要性を知り、自ら考えてつくったり守ったりする

「規範意識」とは、きまりやルールを尊重し、進んで守ろうという姿勢を指します。交通ルールのように守らないと命に関わるものは、大人が教えて身に付けさせる必要がありますが、保育の中で、ルールは少ないほうがいいでしょう。幼児教育施設でトラブルを回避しようとするときまりやルール、約束が多くなりがちですが、きまりは本来、自由な行動をしばるためのものではありません。「ブランコを使いたい人が複数いる場合は順番にする」など、必要最低限のルールを子どもと考えるといいですね。なぜそうするのか（しなければならないのか）の理由を理解すれば、子どもも納得してきまりを守る

じゃ口は3つ。密にならずにみんなが手を洗えるようきまりをつくり、守ります。

ことができます。

キーセンテンス 5

自分の気持ちをコントロールし、友達と折り合いを付ける

「道徳性・規範意識」の原文にもある「自分の気持ちを調整し、友達と折り合いを付ける」ことは、重要な非認知能力です。人が生きていくうえで、相手の思いやまわりの人のことを考えて、自分の気持ちを抑えなければならない機会は多々あります。思い通りにならないことがあってもうまく気持ちを切り替え、受け入れて進む「折り合いを付ける」という経験をさせたいものです。

これは、教えてすぐに身に付くものではなく、折に触れ経験していく必要があります。子どもが気持ちをコントロールできた場合は「〜のためにゆずって（我慢して）えらかったね」と認めます。また、いつまでも不満やイライラを引きずってしまう子には、別の遊びに誘うなど具体的な提案をし、気持ちを切り替える援助をしましょう。

「誰からする？」決められない場合には、
ジャンケンするのも一つの方法です。

写真で見る10の姿

社会生活との関わり

原文

家族を大切にしようとする気持ちをもつとともに、地域の身近な人と触れ合う中で、人との様々な関わり方に気付き、相手の気持ちを考えて関わり、自分が役に立つ喜びを感じ、地域に親しみをもつようになる。また、幼稚園（保育所・幼保連携型認定こども園）内外の様々な環境に関わる中で、遊びや生活に必要な情報を取り入れ、情報に基づき判断したり、情報を伝え合ったり、活用したりするなど、情報を役立てながら活動するようになるとともに、公共の施設を大切に利用するなどして、社会とのつながりなどを意識するようになる。

園では同年齢の子どもとの生活が中心になりますが、家庭や地域には年齢や職業の異なる様々な人が生活しています。「自分が家族や地域に支えられている」ことを感じ、「自分も社会の一員として役に立ったり、支えたりすることができる」、という感覚を養いましょう。5歳児に限らず、幼いときから家庭や地域の人との交流を通じ、自分の住む町の人々の暮らしを肌で感じられるといいですね。

キーセンテンス 1

家族を大切にする

原文の最初にあるのが一つ目のキーセンテンス「家族を大切にしようとする気持ち」です。「社会」の一番小さい単位が家族です。子どもは一人では生きられないため、世話をしてくれる家族の存在はかけがえのないものです。

一口に家族といっても、様々な形があります。両親がいる家庭もあれば母子家庭、父子家庭、親が不在の家庭もあります。また自分より小さい弟妹や赤ちゃんのいるうちもあれば、大きい

待ちに待った誕生会。育ててもらっている家族への感謝の言葉も語ります。

七夕飾りを燃やす、「お焚き上げ」の行事。昔から行われてきたことを感じ、祈ります。

兄姉や、祖父・祖母、それ以外の人がいる家庭もあります。それぞれの関係の中で自分が守られているという感覚や、家族の温かさ、大切さを感じられる経験をさせたいものです。

また、家族みんなが健やかに暮らすために、「自分のできることをする」という気持ちも必要です。食事のときにお皿を運ぶ、新聞をとってくるなどの手伝いや、家族のルールや基本的なマナーを守る、ということも「家族を大切にする」に含まれます。

キーセンテンス 2

地域の人たちや行事などに触れ、地域に親しみをもつ

キーセンテンスの二つ目が「地域に親しみをもつ」という部分です。地域に親しみをもつには、自分の住む町にどのような人が住んでいるかを知ることが第一歩です。園の隣には、花が好きで庭の手入れをしているおばさんがいる、

地域の人の手を借り、もちつきを体験します。
うすやきねに触れ日本の文化を知ります。

公園でよく見かけるおじいさんがいて、会うといつも手を振ってくれる、そのような地域の人たちに「こんにちは」と元気に挨拶をしたり、日頃から交流したりすると、子どもも自分が地域で暮らす一員であることを実感できます。

また今の時代は、保育者や大人が意図しなければ「子どもたちが地域で育つ」時間をなかなかもちにくくなっています。商店街のお祭りやラジオ体操、子ども会などの地域の行事・活動があれば、積極的に参加したいものです。地域

コミュニティの中で、たくさんの人が支え合って生きていることを伝えましょう。

キーセンテンス 3

人の役に立つ喜びを感じる

幼児期の後半になると、地域の人に親切にしてもらうだけでなく、子どもが地域のために行動する、人の役に立つという機会をもつようになります。自分のしたことに対して「ありがとう」と言われたり、人に喜んでもらったりする経験は、子どもが社会の中で生きていく際の大きな自信になります。

5歳児を中心に、地域の高齢者施設を訪問し、歌やダンスを披露する活動を行う園もあります。ほかにも園の周りの落ち葉を掃く、見学に行ったお店や施設の人に御礼の手紙をかくなど、地域の人に喜んでもらえる活動を計画するといいでしょう。

園内の活動では、植物への水やりや動物の世話などの係活動をする、異年齢の活動で小さい子の世話をする、ということも「人の役に立つ」経験になります。

高齢者施設でお年寄りと出会います。
言葉を交わし親しみを感じます。

クリスマス会で施設を訪問。車いすを利用する方と出会い「はい、タッチ」でご挨拶。

キーセンテンス 4

必要な情報を取り入れる

「社会生活との関わり」の原文には「遊びや生活に必要な情報を取り入れ、情報に基づき判断したり、情報を伝え合ったり、活用したりする」とあります。「情報を取り入れる」には、虫の名前など知りたいことを図鑑や本で調べる活動のほか、テレビのニュースや天気予報などの情報、大人や友達から聞いた話、子どもが生活の中で体験した内容なども含まれます。

そして「情報を伝え合ったり、活用したりする」は、知っていることや見聞きしたことを遊びなどに活用するという意味です。家族と行ったレストランで店員さんの話し方を覚え、それを真似してごっこ遊びに活かす、などがその例

園の周りを探検し、自分の手で地図をつくります。社会とのつながりを意識しています。

葉書きを書いてポストに投函します。郵便局の人が集めて配達してくれることを知ります。

です。また5歳児頃の子どもの会話には、新型コロナウイルスの患者数などの時事ニュースも話題に上がります。保育者もそのような社会的な話題も意識して取り上げましょう。

キーセンテンス 

公共の場などを通して 社会とのつながりを知る

キーセンテンスの最後は、「公共の施設を大切に利用するなどして、社会とのつながりなどを意識するようになる」という部分です。それぞれに地域と連携して、実際の公共施設を訪れるといいでしょう。小・中学校、公民館や図書館のほか、商店や病院、郵便局、警察署、役所、電車の駅やバスターミナルなどもあります。「道に迷ったら警察のおまわりさんが助けてくれる、遠くに住む祖父母宛に出した手紙は郵便局の人が届けてくれる、生活する人にとって便利なサービスがあり、困ったときには助けてもらえる」という、社会の大きい枠組みに気付けるようにしましょう。

バスや電車を利用して、園外保育に出かけます。駅や車内でのマナーや運転手さんの仕事を知ります。

思考力の芽生え

原文

身近な事象に積極的に関わる中で、物の性質や仕組みなどを感じ取ったり、気付いたりし、考えたり、予想したり、工夫したりするなど、多様な関わりを楽しむようになる。また、友達の様々な考えに触れる中で、自分と異なる考えがあることに気付き、自ら判断したり、考え直したりするなど、新しい考えを生み出す喜びを味わいながら、自分の考えをよりよいものにするようになる。

思考力とは、不思議なことや疑問に気付き、頭を働かせよく考える、自分で判断し決める、という力です。「なぜ、どうして？」と気付くためには、五感を働かせ、感性を高めましょう。また「子どもが自分で考えて決める経験」も必要です。失敗もありますが、「どうしてそうなったのかな」と考えるきっかけになります。答えを早急に求めすぎず、子どもが考える時間や機会を保証しましょう。

キーセンテンス 1

物の性質や仕組みに気付く

「思考力の芽生え」でまず注目したいのは、「物の性質や仕組みなどを感じ取ったり、気付いたり」というところです。

砂場で水路をつくっています。水や砂の性質を知り、水の流れを予測しながら考えます。

このような経験をするためには、子どもが物や事象に直に触れ、見たり触ったりして体を通して学ぶことが不可欠でしょう。水や砂、泥を使ってたくさん遊ぶのもいいですし、凧あげをすれば空気や風、光などを感じられます。そのような身の回りの様々な物や事象を扱う実体験が重ねられる活動を考えましょう。

その中で、「乾いた砂はサラサラなのに、水

きれいな色のジュースができあがり。混ぜると色が変わることに気が付きます。

を加えて湿らせると固まる」、「水の入ったコップを倒すと水がこぼれるのに、バケツに水を入れて振り回してもこぼれない」、「ビー玉は高いところから低い方へと転がる」など、子どもは物の様々な性質や仕組みなどに気付きます。

幼児期にこのような経験を重ねて「水とは(空気とは)こういう性質のもの」という感覚が育っていると、それが小学校以降の系統的な学習で役立ちます。

キーセンテンス 2

予想したり工夫したりしながら物と積極的に関わる

思考力の基礎を伸ばすのに大切なのが、「予想したり工夫したり」することです。予想とは、「こうしたらこうなるかな?」「～かもしれない」と見通しをもったり可能性を考えたりすることです。また工夫とは、「こうしてみたらどうかな?」と新しいアイデアを加えたり、やり方を検討したりすることです。

子どもが予想や工夫をしようとする際は、十分に時間をかけたいものです。子どもが自分の頭で考え、先の展開を予想するにはそもそも時間がかかります。また予想や可能性を数多く考えられるほど、豊かな思考になり、遊びも深まるのです。

砂で料理づくり。道具を工夫したり、友達の真似をしたり、アプローチを変えて関わります。

稲に付いた籾(もみ)を、自分の手ではずします。割りばしではさんで引っ張ると、取れることを知ります。

子どもの予想や工夫は成功する場合もありますが、失敗も多いものです。保育者は失敗が許される環境を用意しましょう。つまり豊富な材料、十分な広さのスペース、そして試行錯誤をする時間を保障します。「失敗は成功の元」であり、成長のための財産です。最短距離で成功することを目指すのではなく、失敗も含め「考えること自体がすばらしい」というメッセージを発信してください。

キーセンテンス 3

自分とは違う考えもあることに気付き、見方を深める

キーセンテンスの三つ目として、「友達の様々な考えに触れる中で、自分と異なる考えがあることに気付き」という部分を取り上げます。

園は、子ともが集団で遊びや生活をする場です。子どもが自分で考えるとともに、友達の考えにも耳を傾ける機会をもちましょう。

保育の中で「Aちゃんはどう思う?」「Bくんは?」とそれぞれの考えを尋ねるのもいいですし、「Cちゃんと同じ考えの人は?」と問いかけ、子どもに手を挙げさせる方法もあります。子どもが頭の中で、自分の考えと友達の考えの同じところ、違うところを比べるきっかけになるからです。

また、友達の考えを聞くことで「そうやって考えればいいんだ」と考え方を真似したり、学んだりすることもできます。自分とは異なる発想や考え方に触れて「へえ、自分はそんなふうに考えられなかった」と、友達の個性やよさを認めることにもつながります。

プランターの苗を植えます。友達のやり方もよく見て学び、理解しています。

図鑑を見て調べています。友達は自分とまったく違う図鑑を選び、友達の興味のある分野を知りました。

絵本コーナーでは、それぞれの興味で絵本を選びます。仕入れた情報を遊びに生かします。

キーセンテンス 

自分で判断し、新しい考えを生み出すことを喜ぶ

「思考力の芽生え」の原文の最後は、「自ら判断したり、考え直したりするなど、新しい考えを生み出す喜びを味わいながら、自分の考えをよりよいものにするようになる」とあります。

白い毛糸をうどんに見立てて鍋へ。
うどんづくりを友達と楽しみます。

「自ら判断する」とは、自分で決める、自分で選択することです。これは「自立心」のところでも触れましたが、自分で考えて、自分で行動し、自分で責任をとることは、人が主体的に生きる基本です。「保育者に指示されたから」、あるいは「リーダー格の○○くんがそうしようといったから」と、人に決められたことの中で動くだけでは主体性や思考力は育ちません。友達と考えが違っても、自分はこうしたいと自ら決める力、選択する力を育てましょう。

後半の「新しい考えを生み出す喜び」という部分について考えます。新しい考えはある日突然に生まれるものではありません。ふだんから遊びの中であれこれと工夫したり、友達と相談したりする“土壌”があって、そこで新しい発想やひらめきの芽が伸びます。時間を忘れて遊びに没頭する際、子どもは「こうしたい」という強い意欲をもち精力的に頭を働かせます。思考力を育むためには、夢中になれる遊びが求められるのです。

写真で見る10の姿

自然との関わり・生命尊重

原文

自然に触れて感動する体験を通して、自然の変化などを感じ取り、好奇心や探求心をもって考え言葉などで表現しながら、身近な事象への関心が高まるとともに、自然への愛情や畏敬の念をもつようになる。また、身近な動植物に心を動かされる中で、生命の不思議さや尊さに気付き、身近な動植物への接し方を考え、命あるものとしていたわり、大切にする気持ちをもって関わるようになる。

私たち日本人は海や山、川、野原など四季のある豊かな自然に囲まれています。そのような身の回りの自然に十分に関わり、自然の美しさや自然の恵みのありがたさなどを感じられる経験を重ねましょう。身近な動植物との触れ合いから学ぶこともたくさんあります。近年、子どもだけで自然や動植物と親しむのは難しくなっています。大人が進んで自然と関わり、自然を大切にする姿を見せましょう。

キーセンテンス 1

自然の変化に気付く

「自然との関わり」を深めるうえで、注目したいのが、原文にもある「自然の変化」です。四季のうつろいはもちろんですが、それだけでなく自然は時間とともに刻々と変わり、とどまることがありません。

春に見付けた小さな卵が幼虫になり、サナギを経てやがて蝶になります。土の中から出てきたセミの幼虫が、殻を脱いで成虫になり、大きな声で鳴いて夏を知らせます。野菜の種を植えたら、そこから小さな芽が出て、やがて花が咲

雨の日は、傘をさして園庭の探検へ。相合傘で歩くのも嬉しい経験となります。

実のなる木が園庭にあると、日々成長が感じられます。今日は、まさに収穫日和。

き、実がなります。そのような時間とともに変化する自然のおもしろさ、不思議さを実際に体で感じられるといいですね。

また自然は美しい、楽しい、気持ちがいいというプラス面だけでなく、地震や台風、河川の氾濫、火山の噴火など「厳しい自然」という側面も持ち合わせています。人間の力ではどうすることもできない自然災害に見舞われることもあります。大人も子どもも、地球という自然の中で生かされている存在だと気付くでしょう。

キーセンテンス 2

感動する体験を通して、自然に関心をよせる

キーセンテンスの二つ目の「自然に触れて感動する体験」を取り上げます。

これは子どもが生身の体で、生の自然を満喫することを示しています。写真や映像で自然に感動する場合もあるかもしれませんが、それらは視覚や聴覚の情報に限られてます。それに対し、生身の体で自然の中に立つと「なんて大きい木だろう」「顔を近づけると、いい香りがする」と体全体で自然を感じ、心が動かされるでしょう。四季それぞれに、散歩や園外保育などで、自然を体感できるところへ足を運んでほしいものです。

「あっ動いた」土の中には、小さな生き物がいっぱい、命の存在に気付きます。

さらに「心が動かされる」自然は、もっと身近にもあります。雨が上がった後の空を見上げると虹が出ていた、急に大粒のあられが降ってきた、そのような場合は珍しい自然の姿を逃さず、子どもと楽しんでください。ほかにも卵から幼虫が生まれる、飼っているカイコが繭をつくるなど、自然が一瞬だけ見せてくれる貴重な姿もあります。そのような機会に立ち会える活動を計画してみましょう。子どもが「見て！見て！」と声を上げるような瞬間には、確実に心が動いています。

プランターに根っこの付いた植物を植えます。水をやって育てると生長することを期待します。

キーセンテンス 3

身近な動植物を大切にする

「生命尊重」という点では、小動物の飼育は多くを学べる絶好の機会です。虫や金魚、ザリガニ、カタツムリ、カメ、カエルなど、様々な生き物と触れ合いましょう。観察や世話をすると、かわいい姿に魅了されたり、どんなエサを好んで食べるかなど、生き物やその生態に興味をもつきっかけになります。

こうした生き物は、大人が「かわいいね」と手にのせて見せると、子どもも怖がらずに興味を示します。保育者に虫が苦手、カエルがダメという人がいますが、苦手でもそれを顔には出さないよう注意しましょう。

ニワトリやウサギ、モルモット、リス、小鳥などの小動物を飼っている園では、飼育動物の世話を当番活動にしている場合も多いでしょう。動物への興味には個人差があり、ウサギのような愛らしい動物でも「怖い、嫌だ」と感じ

ウサギのために刻んだ野菜を運びます。世話をしなければ生きられないことを知っています。

育てている野菜の苗に水をやります。収穫を心待ちにします。

「セミ、見つけた！」5歳児の動きを年下の子が見守ります。わくわくする生き物との関わりです。

る子もいます。しかし当番活動はやりたい子だけがするのではなく、すべての子に必ず経験させたいから保育計画に入っているのです。直接ウサギに触れるのが難しいなら、エサのキャベツを切る係などでもいいでしょう。できる範囲で取り組みましょう。

キーセンテンス 4

動植物を通して生命の尊さを知る

花や野菜を育てたり、小動物を飼育したりすることは「生命」を知り、学ぶ機会になります。興味のあるときだけ気まぐれに世話をするのでは、生きているものの命を、守れません。植物に水をやるのを何日も忘れていれば、ぐったりとしおれてしまいます。慌てて水をやると運がよければ元気を取り戻します。小動物の世話ももちろんですが、日常的に世話をしないと死んでしまうという“命を預かる責任”を感じる必要

セミを捕まえるのはまだ怖いけれど、抜け殻なら安心。セミの成長過程も伝えます。

があります。

動植物に接していると、ときに「死」を目の当たりにすることもあります。植物が枯れてしまってもう戻らないのも、一つの死です。植物の場合、種で命がつながっていて種を植えればまた芽が出る、ドングリを植えれば木になる、という命のつながりを感じさせたいものです。また、ウサギなどの小動物の死を経験することもあります。命はかけがえのないもので、一度失われたら二度と戻らないという悲しい事実を肌で感じ、生命の尊さを知ります。

写真で見る10の姿

数量や図形、標識や文字などへの関心・感覚

原文

遊びや生活の中で、数量や図形、標識や文字などに親しむ体験を重ねたり、標識や文字の役割に気付いたりし、自らの必要感に基づきこれらを活用し、興味や関心、感覚をもつようになる。

「数量や図形、標識や文字」は算数や国語という教科とのつながりを意識しがちです。しかし、幼児教育では一斉にひらがなを練習するようなやり方は不向きです。まず身近な環境で使われている数や図形、標識、文字に気付くところからスタートし、少しずつそれらの意味や役割を知り、必要に応じて使っていきます。子どもが世界を広げる土台となる数や文字への関心・感覚を育むことを求められています。

キーセンテンス 1

数量に親しみ、大小や順番に気付く

この項目のキーセンテンスでは、数量と図形、標識と文字の四つを順に取り上げます。

一つ目が「数量」です。生活や遊びの中には、様々な数や量があります。数は一つ、二つと数えられるものを指します。かくれんぼで鬼が10数えるといった数唱は、小さい頃から親しみやすい数の経験です。また、登園したら連絡ノートに出席シールを貼る園もあるでしょう。「今日は○月○日で何曜日だから上から○個目のマスにシールを貼る」、「1週間に5個のシールで、それが3列あって全部で15個」、そのような経験が数の感覚を養います。同じように、下駄箱やロッカーで「上から何番目、右から何番目は誰の靴かな？」という遊びをすると、数字の並びや座標の感覚が養われます。

アサガオが今日はいくつ咲いたか、毎日楽しみに数えています。色水遊びにも活躍します。

さらに、一つ二つとは数えられない「多い少

高低差のある丸太を両端から渡ります。遊びながら高い低いを感じます。

ない」「大きい小さい」「長い短い」「高い低い」「重い軽い」などが量の概念です。「ジャンケングリコ」で大股で○歩進む、というのは「長さ」を表しています。ジュースを2杯というのも量の表現です。遊びや生活の中で、このような様々な数や量を経験できるようにしましょう。

キーセンテンス 2

いろいろな図形に興味をもつ

遊びや生活の中には、いろいろな図形があふれています。丸、三角、四角の基本的な図形だけでなく、丸ならたまご形のような楕円も、三角形なら正三角形のほか、三角定規のように三辺の長さが違うものもあります。四角も正方形(真四角)、長方形(長四角)、さらに平面の図形だけでなく、立体もあります。ラップの芯のような円筒は筒の穴を見れば丸、横から見れば長方形というような発見があり、図形のおもしろさ、美しさを体験できます。このような図形や立体の感覚が、就学後の学習の基礎になります。

遊びの中で、たくさんの図形を扱い、体感しましょう。丸や三角、星形、ハート形などのいろいろな形の色紙を用意し、組み合わせて貼るような製作活動も楽しいでしょう。散歩や保育室の中で、子どもと「形さがし」もできます。外を歩きながら「丸い形はどこかな？」「あった！（マンホールを指さす）」という具合です。地面においたバケツの周りを棒でなぞると大きな丸を描けるなど、生活用品を使った形遊びも

土の中から様々な形のイモがどっさり。「どんな形？いくつ掘れた？」数と図形の認識です。

雪が降ったら、いろいろな形をつくれる楽しさを味わいます。お茶碗に入れて雪定食のできあがり。

できます。それぞれの環境で、図形を楽しむ活動を工夫しましょう。

キーセンテンス 3

標識の役割に気付く

「標識」とは、人に必要な情報を示すための視覚的な表示のこと。代表的なものに交通標識があります。保育の中では標識だけでなく、“生活の中で使われているマーク”に目を向け、楽しみながらその意味を理解しましょう。

子どもにもっとも親しみがあるのは、ロッカーや下駄箱などに貼った個人のマークでしょう。チューリップのマークは○○ちゃんのもの

「あっ、モノレールだ」散歩中に運よく見られました。
「どんな形？　窓は？」じっくり観察します。

というように、マークの意味と使い方を示しましょう。また散歩で道を歩けば、「横断歩道」や「止まれ」という標識が目に入ります。横断

車道を渡る際は、左右をよく見て手を挙げます。
信号を守り白線の内側を歩くことを実践します。

手をあげて
わたりまーす

名札を見せながら、おじいさんに自分の名前を知らせます。文字は便利だと実感します。

歩道なら、道路を渡る際はこのマークがあるところを渡ると安全、という意味を伝えます。安全を示す標識では、非常口や避難所のマークも知っておきたいものです。ほかに社会的な性質をもつマークには、初心者運転、高齢者運転、車いす、聴覚障害、資源リサイクルなどもあります。

キーセンテンス 4

文字に親しみ、活用する

「文字」への関心･感覚は、「読む」と「書く」という二つの要素があります。

「読む」については、絵本を読む、ロッカーに貼ったひらがなの名前を読むなど、日常的に親しんでいますね。子どもの名前が「はるか」なら、「はな、はし、はらっぱ」など、名前に含まれる文字に興味をもつので、自分や友達の名前の文字を探すのも楽しいでしょう。

4歳児頃になると、歌詞を保育室に張り出すこともあります。その場合、歌のキーワード、たとえば「ちきゅう」なら、ちきゅうの文字をすべて同じ色のマーカーで囲むという工夫をすると、文字の塊を言葉として意識できて理解しやすくなり、歌うことでそれを音声化して体で覚えることができます。

一方、「書く」はあまり急ぐ必要はありません。お店屋さんごっこで、お店の名前を文字に書くとみんなが見て分かる、手紙を書いて送るとそばにいない人にも気持ちを伝えられる、そのような経験を通して「文字は便利」「書いてみたい」と思う気持ちを育てましょう。5歳児クラスは、子どもが自分で調べられるよう50音表を貼り、「書く喜び」を感じられる環境を整えます。

「かき氷はいかが？」店の看板があれば、何を売っているかすぐに伝わります。

言葉による伝え合い

原文

先生（保育士等・保育教諭等）や友達と心を通わせる中で、絵本や物語などに親しみながら、豊かな言葉や表現を身に付け、経験したことや考えたことなどを言葉で伝えたり、相手の話を注意して聞いたりし、言葉による伝え合いを楽しむようになる。

「言葉による伝え合い」というと、コミュニケーションの部分が注目されがちですが、言葉は単に意思疎通の“道具”ではありません。人は言葉で世の中を捉え、理解しています。物事にどのような言葉を与えるかには、その人の生き方や価値観が現れますし、同じ言葉でも園や家庭によって意味合いや背景は異なります。保育者はそれを理解し、言葉の「よりよい使い方」を伝えましょう。

キーセンテンス 1

絵本や物語に親しむ

「10の姿」の原文に「絵本や物語などに親しみながら」とあるように、子どもが言葉の世界を広げていく際に、大きな役割を担っているのが絵本や物語です。

邪魔されない落ち着いた空間のお気に入りのいすで、絵本をじっくり読みます。

絵本は、子どもの年齢や興味に合わせて様々なジャンルのものに触れさせたいものです。帰りの会で絵本を何冊か読み聞かせている園もあるでしょう。名作絵本もいいですが、新作絵本や自然科学絵本もあります。大人には「何を伝えたいのだろう」と頭にハテナが浮かぶナンセンス絵本も、子どもがその世界に“はまって”楽しむことがよくあります。友達と一緒にお話の世界にひたるという経験や、現実から抜け出す

昼寝前のひととき。1冊の本を頭を寄せ合って見ています。友達のつぶやきが笑いを誘います。

楽しさをたくさん味わってください。また絵本コーナーをつくり、子どもが興味をもった絵本を自由に手にとれる環境も整えましょう。

想像力や読解力、豊かな人生の基礎は、読書によって培われます。生涯にわたり「自分から読書をする人」に育てることは、保育者の大事な役割の一つです。

キーセンテンス 2

豊かな表現や言葉の楽しさに関心をよせる

「豊かな表現」には、様々な要素が含まれますが、まず「その場や状況に応じてふさわしい言葉が使える」ことが挙げられます。食事の前には「いただきます」、近所の人に会ったときは「おはようございます」「こんにちは」と挨拶するなど、そのときどきに応じてふさわしい言葉が使えるよう、保育者が手本を示しましょう。また、会話の中で子どもからおもしろい表現やそのときの状況や心情を表すのにぴったりの言葉が出た際は、「本当に○○ちゃんのいう通りだね」「おもしろい言葉を知っているね」と認めましょう。

「言葉の楽しさに関心をよせる」という点では、絵本『おおきなかぶ』の「うんとこしょ、どっこいしょ」や、「わっしょい、わっしょい」といったリズミカルな言葉をみんなで言う、なぞなぞ

ハート形の葉っぱにびっくり。「ハートだよ、見て」「わー、ほんとだ」子どもの好きな「ハート」の言葉が飛び交います。

やクイズを楽しむ、という活動も言葉の楽しさを実感する経験になります。

4歳児頃には語彙が増え、人が嫌がる言葉や汚い言葉をわざと使うようにもなりますが、「心地よい言葉」「耳障りな言葉」を考えてみることのチャンスにもなります。

遠足のバスの中。友達としりとりで遊びます。
どこでも楽しめる言葉遊びに夢中です。

キーセンテンス 3

経験したことや考えたことを伝える

キーセンテンスの三つ目は、「経験したことや考えたことなどを言葉で伝えたり」という部分です。

子どもが人に自分の気持ちや考えを伝えられるようになるには、まず自分の思いを言葉にして表現する必要があります。3歳児頃になるとまだ語彙は限られますが、遊んでいるときなどに自分の思ったこと、気付いたことを言葉にして話すようになります。保育者は、そのような子どもの言葉やつぶやきに耳を傾け、丁寧に受け止めましょう。「そう思ったんだね」と共感したり、「それは悲しかったね」と言葉を補ったりすると、子どもは人に伝わる喜び、理解してもらう喜びを実感します。

4歳児前後からは、人前で話をする機会を意識してつくります。毎日の帰りの会で、一人ずつ「今日はこんなことが楽しかった」と話す場をつくるのもいいでしょう。話すのが苦手で発言が少ない子もいますが、チャンスが少ない子こそ、「○○ちゃんはどう思う？　先生が助けるからお話して」と声をかけ支えましょう。自分の言葉が人に伝わり、話を聞いてもらえたという経験が子どもの自信を育てます。

自分でつくった絵本。伝えたいことを絵と文で
表現しました。立体的につくった鼻も自慢です。

水族館で様々な生き物に出会ったこと、飼育員さんの話を聞いたことが世界を広げます。

キーセンテンス 4

相手の話を聞き、伝え合いを楽しむ

人と人とのコミュニケーションにおいては、自分の考えや気持ちを言葉にして人に伝えるとともに、相手の言葉を聞いて理解する必要があります。

これは「10の姿」の「協同性」でも触れますが、「話を聞く」というのはただ音として聞くのではなく、理解するという意味です。つまり、聞いた言葉の意味やそこにこめられた相手の気持ちなど理解して自分の中に取り込む、それが「聞く」ということです。そうしなければ相手を理解し、受け入れながら、話し合うことができません。幼児期後半には相手の話を理解しながら聞く、という姿勢を身に付けたいものです。ただし、絵本を読んで「どんな話だった？」と“聞き取りテスト”のようなことをすると、子どもは絵本の世界を楽しめなくなります。子どもが話を理解しているか否かは、生活の中で観察してください。

友達と遊んでいるときはもちろん、食事の際や、グループやクラスで相談をするときなど、様々なシーンで「言葉による伝え合い」を楽しみましょう。

歯を磨いた後のプラークチェック。「どうだった？」「ここに書くよ」伝え合います。

豊かな感性と表現

原文

心を動かす出来事などに触れ感性を働かせる中で、様々な素材の特徴や表現の仕方などに気付き、感じたことや考えたことを自分で表現したり、友達同士で表現する過程を楽しんだりし、表現する喜びを味わい、意欲をもつようになる。

「豊かな表現」のもとにあるのは「豊かな感性」です。「おもしろいな」「かっこいいな」「やってみたい」という感動や心の動きがあって、それが様々な表現につながります。表現の力を伸ばすには、子どもの感性を豊かにし、五感を刺激する体験を重ねましょう。そして、表現する際は自由に楽しく伸び伸びと。発表会などは大人が"やらせる"のではなく、子どもたちが創り上げるプロセスを大切にしましょう。

キーセンテンス 1

心を動かす体験をし、その感情を味わう

「豊かな感性と表現」の原文の冒頭には、「心を動かす出来事などに触れ感性を働かせる」とあります。これは美しいものやおもしろいもの、驚くようなものに出会い、心がジーンとしてよい気持ちになる、「いいなあ」という憧れをもつ、「自分もほしい、つくりたい、やってみたい」という気持ちになる、そのような心の状態のことです。たとえば音楽ならピアノなどの本物の楽器の音色を聞くほか、歌や演劇、絵画、工芸といった本物・一流の芸術に触れることも、「心を動かす出来事」になるでしょう。

園外保育や運動会などの大きな行事も、子どもにとっては印象深い出来事です。動物園や水

ちょっと怖いけれど、丸太に乗ってゆらゆら。「おもしろい」「やってみたい」の思いを表現します。

大きなステージで自分たちのダンスを披露。充実感から「もっと表現したい」につながります。

族館に行った後、楽しかったことを思い出して話し合い、クラスで大きな動物園マップを手づくりする、運動会で年上の子が披露したダンスを見て「かっこいい」「踊ってみたい」という声が挙がったら、自由遊びの時間に同じ音楽をかけ、ダンスをするような活動も、子どもが心を動かす体験を味わい、表現の力を伸ばしていく援助になります。

キーセンテンス 2

様々な素材や表現方法を知り、やってみようとする

次に注目したいのが「様々な素材の特徴や表現の仕方などに気付き」という部分です。

これについては、4歳児までに様々な素材や表現方法を体験してほしいものです。製作に使う素材一つをとっても、画用紙や色紙のほか段ボール、布、ビニール、不織布など、様々なものがあり、手触りや扱いやすさ、性質（硬い・柔らかい、色味、ふわふわ、キラキラな質感）もそれぞれ違います。

お絵描きでも、ペンやクレヨン、筆で絵を描くだけでなく、マーブリングやはじき絵のような表現方法もあります。音楽では、いろいろな楽器の音を出して体験する、歌をみんなで一斉に歌うだけでなく『かえるのうた』のような輪唱に取り組むこともできるでしょう。

思いがけないものに出会って「こんなことができるんだ」「おもしろい」と思える環境、子どもが進んでやりたくなる環境を考えましょう。4歳児までに豊かな素材・表現方法に触れ

色紙をはさみで切り、必要な形を切り出しています。様々な素材から切りやすい紙を選びました。

好きな絵を描いたスチレンボードに、好きな色の絵の具を塗ります。写し出す版画のおもしろさを知ります。

ておくと、5歳児になってそれらを使いこなし、自分のイメージを巧みに表現できるようになります。

キーセンテンス 3

感じたことを音や動きなどで表現する

キーセンテンスの②とも重なりますが、子どもが自分の思ったこと、感じたことを自由に表現できるようになるには、それまでの積み重ねがものを言います。アイドルグループのようにダンスするのも子どもの好きな活動ですが、何もないところで「好きなように踊って」といっても動けるわけではありません。日頃から、子どもがいろいろな動きや表現をする機会があり、それを「いいね」「おもしろいね」「もっと見たい」と肯定する雰囲気が支えになります。

また保育の中で表現というと、劇や音楽などの発表会の活動を思い浮かべるかも知れません。発表会では、あらかじめ目標を決め、それに子どもをあてはめようとすると、保育者が「やらせる」、子どもは「させられる」形になりがちです。しかし大事なのは当日の出来栄えではなく、それまでのプロセスです。特に5歳児では、テーマやストーリー、登場人物などを子どもたちが話し合い、変えていくこともあるでしょう。子ども自身が表現の内容や方法を考え、「自分たちでつくり上げた」と思える発表会になるよう支えましょう。

自分で選んだ楽器を手に、みんなで合奏を楽しみます。みんなでつくりあげる喜びも味わいます。

キーセンテンス 

友達と一緒に表現することを楽しむ

「豊かな感性と表現」の最後のキーセンテンスは、原文の「友達同士で表現する過程を楽しんだりし、表現する喜びを味わい、意欲をもつようになる」という部分です。

「友達と一緒に表現する過程を楽しむ」というのは、自分が表現するとともに、友達の表現を受けとめ、ともにつくり上げる過程を楽しむことです。たとえば、みんなで歌う際に自分が心をこめて歌うだけでなく、友達が出す声によく耳を傾けると、みんなの声が溶け合い、聴く人の心に届きます。船をつくっていたら友達が海賊船のような旗をつくり、それによってもっとイメージがふくらみ、海賊の衣装や帽子をつくることに発展した、という例もあります。友達とイメージを共有しながら一緒に活動することでより表現の幅が広がり、楽しくなって、さらに意欲をもつようになります。幼児期後半、特に5歳児では、協同的な遊びの中でそのような経験をたくさん積み上げたいものです。

気に入った虫などを、図鑑を見ながら描きます。
仲間と共に表現し刺激をし合います。

ペットボトルなどの廃材を使って、思い描いたイメージを表現しようと取り組みます。

第2章 事例マンガで見る「10の姿」

この章では、園での実際の事例を「10の姿」の視点で見ます。子どものどのような姿が「10の姿」なのか、マンガで分かりやすく紹介しています。

事例に見られる「10の姿」

	健康	自立	協同	規範	社会	思考	自然	数・字	言葉	表現
事例1 公園での水分補給	●			●		●	●	●	●	●
事例2 午睡明け、 異年齢児の関わり	●		●	●			●		●	
事例3 当番になった2人		●	●	●				●	●	
事例4 ハート形の 不思議な種			●				●	●	●	
事例5 カナちゃんの誕生日				●				●	●	●
事例6 みんなで考える 散歩マップ	●		●	●	●	●			●	
事例7 車いすで 参加できるリレー	●	●	●	●		●			●	
事例8 年末の拭き掃除	●	●	●		●	●		●	●	
事例9 大好きな アメリカンドッグ	●			●	●				●	
事例10 野菜栽培の担当を 決める	●	●	●		●	●	●	●		
事例11 おうちのドアを 作ろう		●	●		●	●			●	●
事例12 高齢者との交流で	●			●	●	●		●	●	●

事例で見る10の姿

5歳児

事例１

公園での水分補給

汗ばむ季節の園外保育中で、水分補給をした際の出来事です。
保育者に水を飲むことを勧める子どもを含め、成長した姿があふれています。

A 自然との関わり・生命尊重

公園で木登りをしたり、アリを見つけて動きを目で追ったりと自然に親しんでいます。アリは小さいけれど確かに命のある生き物として認め、怖がったり排除したりすることなく温かな目を向けています。

B 健康な心と体

水分が足りないと熱中症という病気になってしまうことを認識し、積極的に水分補給をしています。そのためには自分で水筒を持参し、出かける際にはいつでも飲めるように決めたところに置いています。

C 数量や図形、標識や文字などへの関心・感覚

コップに星形の図形があることを認識し、「先生の水筒＝星の柄」と、星形を目印にしています。特に、特徴的な模様や図形があることで覚えやすいということにも気付いています。

D 道徳性・規範意識の芽生え

親しみをもつ保育者のために、水筒を届けています。これは相手を思いやり、相手の役に立ちたいという思いから出た行動です。飲みやすいようにコップに注ぐことまで自分で考え、行動しています。

E 豊かな感性と表現

保育者のお茶の香りをかいで「いい匂い」と発言しています。自分の家のお茶の香りと違うことを瞬時にかぎ分けています。そして心地のよい香り、おいしそうな香りであることを伝えています。

F 思考力の芽生え

保育者のお茶の香りは、自分の家のお茶の香りとは違うことから、お茶といっても様々な種類があることを考えています。「ほうじ茶」という言葉を聞き、自分の家のお茶は「ほうじ茶」ではないとも思っています。

G 道徳性・規範意識の芽生え

悪気はなく、好意から保育者にお茶を飲ませようとしたのですが、運悪くこぼし、保育者の服を濡らしました。その際、すぐに謝罪の言葉を口にしています。責任を引き受けるありかたです。

H 言葉による伝え合い

服を濡らしてしまった保育者を心配し、子どもたちがこの後どうすればよいか、対処法を考えてそれぞれが言葉にし、発言しています。自分なりの考えを相手に分かるように伝えています。

10の姿はどこで生まれたか整理してみよう

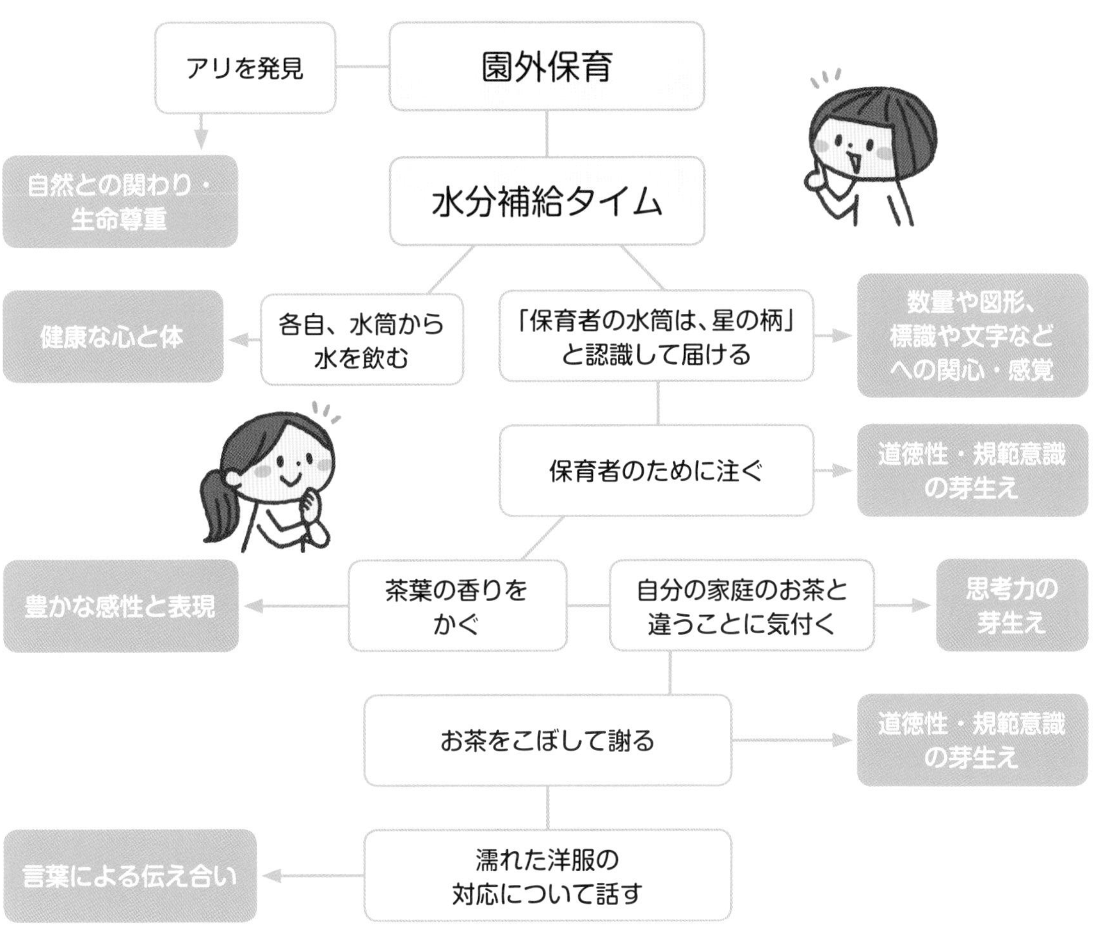

「ありがとう」で、考えと行動を引き出す

園外へ出かけると新たな出会いやハプニングもあり、さまざまな経験ができるチャンスに恵まれます。保育者に親しみを感じて、「先生の役に立ちたい」と思う子どもが多いのは、日常の保育者のふるまいの結果でしょう。

保育者は子どもたちの親切な言動を、嬉しく受け止めています。子どもは保育者に「ありがとう」と言われることほど嬉しいことはありません。「ありがとう」は最高のほめ言葉です。自分の行動を認められ、感謝までされるのですから。

子どもの育ちの姿を引き出すためには、「こんなときには、～しなさい」と指導するよりも、自分で考えて行動する機会をつくり、役に立ったときに「ありがとう」と語りかけるほうが有効なのです。失敗した場合でも、その気持ちに対して「ありがとう」と感謝の気持ちを伝えましょう。

事例で見る10の姿

事例2

午睡明け、異年齢児の関わり

異年齢が交じって午睡をする園での１シーン。
なにげない時間にも、温かい交流と子どもの育ちが見られます。

1
そろそろ
起きる時間ですよ～
サー
A 明る～い！

2
ゆうくん、
片付け、頑張ってる
B

3
よいしょ～、!!
運べるかな～？
ハラハラ！

4
今日はこうちゃん、
もう起きてるのね
いつもは
遅いのに…
コロン

5
ゆうくん…
疲れちゃったかな
たたっ

6
ねぇ！

A 自然との関わり・生命尊重

午睡からの目覚め、保育者がカーテンを開けたことで外からの自然の光を感じています。今は夜ではないことを知り、家庭での目覚めでないことも理解しています。まぶしさ、明るさを体感しています。

B 健康な心と体

生活リズムに沿って午睡し、起きたら自分の布団を自分でたたんでいます。基本的な生活習慣が身に付いている姿です。そして、それを自分で運ぼうとするところにも育ちが見えます。

C 道徳性・規範意識の芽生え

布団を運ぶのがおぼつかない年下の子に対して、思いやりの気持ちから「運んであげるよ」とやさしく声をかけています。困っている人を放っておかず、自分ができることをして助けようとする心が育っています。やってあげるだけでなく、「こう運ぶんだよ」とやり方を見せて、次にその子が自分でできるような道すじをつくっています。5歳児らしい姿だといえます。年下の子から喜ばれ、憧れの気持ちで見つめられることで、自己肯定感も上がるでしょう。異年齢と関わるよさがここにあります。

D 言葉による伝え合い

年上の子が自分が重たくて運べなかった布団を片付けてくれたことに感動し、嬉しくて仕方がないようです。その気持ちを保育者のエプロンを引っ張りながら、自分の言葉で伝えています。

E 道徳性・規範意識の芽生え

関わった年下の子に興味をもち続け、まだうわばきを履いていないことに気付きました。そして、その子のうわばきを探して持ってきたのです。思いやりの気持ちにあふれています。

F 協同性

友達と関わる中で、力を合わせて物事をやり遂げることを学んでいます。ここでは、午睡の片付けとおやつの準備をすることが共通の目的です。充実感をもってやり遂げています。

G 自然との関わり・生命尊重

今日のおやつはリンゴでした。関わりをもった年下の子にリンゴの入ったお皿を手渡し、自分も隣で食べようとしています。そこで、リンゴには栄養があって体によいことを伝えています。

10の姿はどこで生まれたか整理してみよう

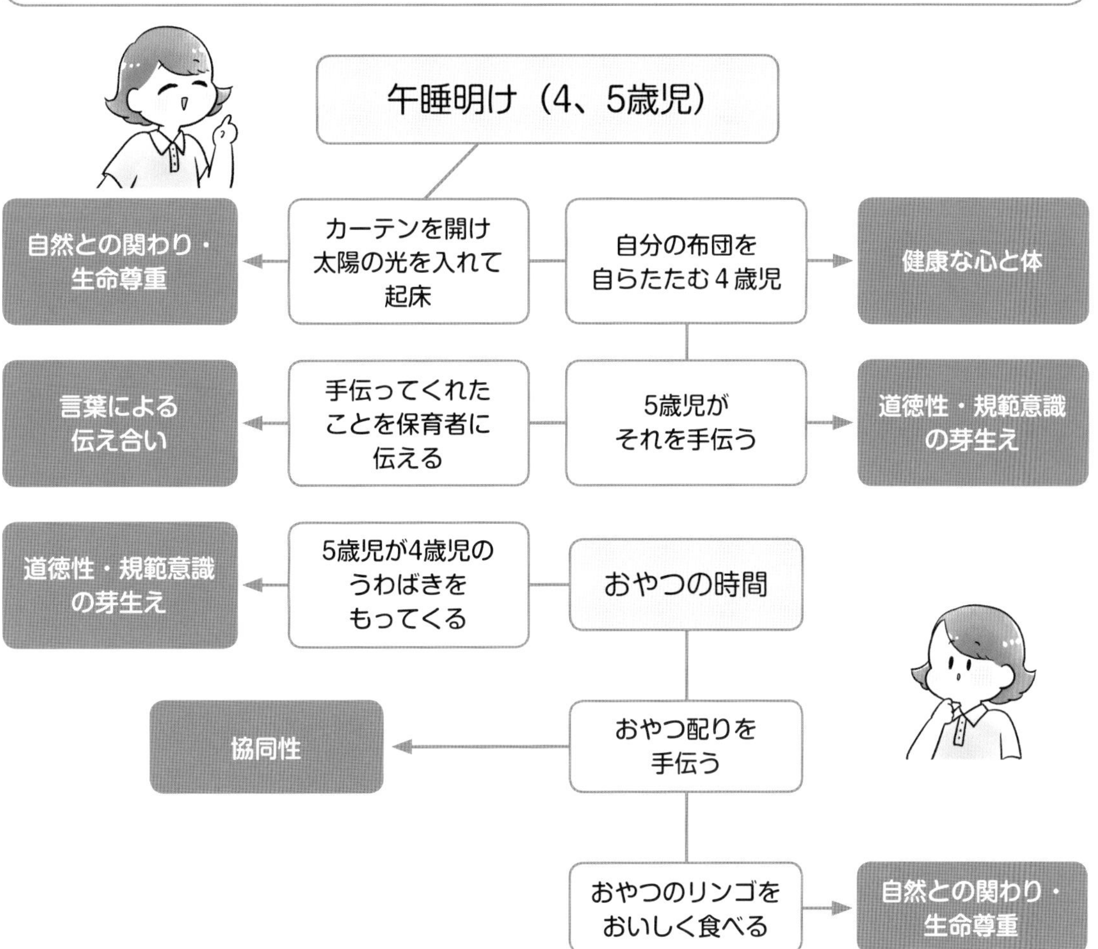

年下の子どもに見せる「やさしさ」

異年齢児が身近にいることで、自然に年上の子どもに憧れをもって真似をしたり、年下の子どもがやろうとしていることを手伝ったりという関わりが生まれます。

この事例でも、5歳児が布団をうまく運べない4歳児を自ら手伝っています。後で保育者にほめてもらおうなんて考えもせず、自然に体が動いたものと思われます。いつも同年齢児としか出会えない環境、「誰が一番かな？」と競わされている状況では、このようなやさしい姿は見られないでしょう。やさしさは、こちらに心の余裕がなければ生まれません。自分がかつてしてもらった嬉しかったことを思い出し、いつかはそれができる側になりたいと願っています。そして、それを実現できるのが、年下の子どもとの関わりにおいてなのです。やさしさを示せるチャンスをつくるのも、保育者の仕事です。

5歳児

事例３

当番になった２人

５歳児にとって、当番の１日は特別です。ペアを組む子と仲よくなったり、ときには衝突したり。他者や自分の気持ちに折り合いをつけながら、たくましく育つ姿があります。

A 自立心

当番という自分に課せられた任務を自覚し、しっかりやり遂げようという意欲に満ちています。当番を２人ですることを認識し、力を合わせて活動しようとしています。

B 言葉による伝え合い

今日の２人は特別な関係です。当番のパートナーであることから親しみが生まれ、自由遊びの時間も声をかけています。一緒に遊ぶ中で言葉を交わし、より関係が深まったはずです。

C 数量や図形、標識や文字などへの関心・感覚

当番の仕事の一つに、紙芝居選びがありました。２人は絵本の部屋で多くの紙芝居の絵やタイトルを見ながら、今日みんなで見るものを楽しく選び、タイトルを読んで、お話をイメージしています。

D 言葉による伝え合い

紙芝居を選んだ理由を友達に問われ、相手に伝わるように言葉を選んで話しています。「なんとなくこれがいい」では理由にならないことを２人はわきまえ、納得できるように話しています。

E 道徳性・規範意識の芽生え

自分も、今日みんなで見たい紙芝居を選んでいました。友達に問われ、その紙芝居を選んだ理由も分かりやすく伝えました。けれども、相手の『めがねうさぎ』の紙芝居を選んだ理由を聞いて、心が動いたのでしょう。「ゆうちゃんのでいいよ」と、自分の紙芝居をひっこめて、相手の気持ちを優先することを決めたのです。自分の気持ちを調整し、友達と折り合いをつけることができました。自分の主張を押し通すことなく、相手にゆずることができたのです。それがみんなにとってよいことだと判断したのでしょう。

F 自立心

みんなで楽しく読み終わった後に、元あった場所へ片付けに行きました。それが当番の仕事であると心得ているからです。やり遂げることで達成感を味わい、自信をもっています。

G 協同性

当番の仕事をやり遂げるという共通の目的の実現に向けて、２人で力を合わせました。自分が選んだ紙芝居ではありませんでしたが、「おもしろかった」と、満足したことを伝えています。

10の姿はどこで生まれたか整理してみよう

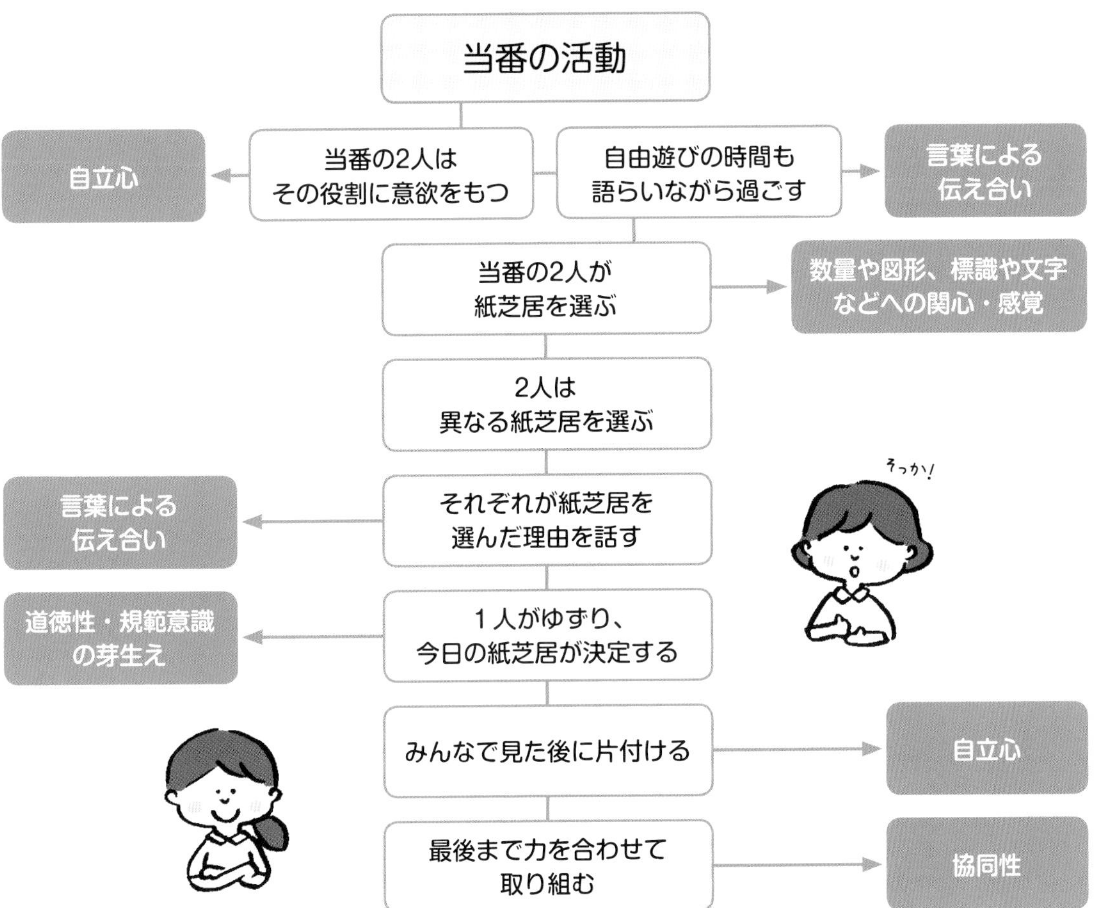

ジャンケンでは生まれない育ちの姿

当番になった日は誇らしいものです。待ちに待った日と言っても過言ではありません。今日1日はクラスのリーダーとして、挨拶を率先したり、クラスのための仕事をしたりするのです。2人ですることにも意図があります。「力を合わせて一緒に行う」という経験をさせたいからです。いつも一緒に遊ぶ相手でなくても、今日は共通の役割があることでいつもより身近に感じるでしょう。この事例の2人は、自由遊びでも声をかけて共に行動しています。

紙芝居選びでは、意見が一致しませんでした。2人とも「なんでもいい」とは思わず、それぞれに熱い思いがあることが伺えます。これも当番の責任を全うしようとする姿です。選んだ理由を聞き合い、相手の思いを知り、自分の主張を引っ込める姿は5歳児らしい育ちといえるでしょう。

事例 4

ハート形の不思議な種

園では日除けの一環でフウセンカズラを栽培しています。夏の終わりに、園庭で見つけたハート形の種。子どもの驚きとともに、育ちの連鎖が生まれました。

1
夏の終わりの自由遊びで
ワィ
ワィ
ワイ

2
先生～見て～これなあに？
なになに？

3
そっ

4
真ん中にハートの形があるんだよ
ほんとだ
A

5
グリーンカーテンもそろそろおしまいね
ここに落ちてたの
B

A 数量や図形、標識や文字などへの関心・感覚

園庭で拾った不思議なものが、ハート形に見えることを保育者に伝えています。ハート形を知っており、その形に似ていると認識しています。手で大事に持ち、宝物のようにしています。

B 自然との関わり・生命尊重

グリーンカーテンのために植えたフウセンカズラの根元で発見したことを伝えています。つまり、グリーンカーテンを間近で見て、葉や実の形にも注目し、親しみをもっていたのでしょう。地面に落ちている小さな種にまで気付いたのですからね。自分で気付いて、このハート形の不思議なものを拾ったことが嬉しくてたまらないのです。植物と日常的に関わり親しみをもち、小さな変化も見逃しませんでした。十分に自然を感じている姿といえるでしょう。

C 自然との関わり・生命尊重

保育者がフウセンカズラの実から種を出す様子に感動しています。実が自然にはぜてハート形のものが地面に落ちていたことを悟りました。自然に畏敬の念をもつ、一つのきっかけになります。

D 言葉による伝え合い

自分が地面で拾ったハート形のものがフウセンカズラの実の中から出てきたことに驚き、まじまじと見つめました。そして、その名前を知りたいと思い、言葉で質問したのです。

E 自然との関わり・生命尊重

ここで初めて、ハート形のものが種であることを知ります。種とは、植えると芽が出てくるものです。つまり、命が詰まっているものと認識しています。

F 数量や図形、標識や文字などへの関心・感覚

一つの実の中にハート形の種がいくつ入っているかを数えて口に出して伝えています。みんなの種を合わせると全部でいくつぐらいか、漠然と大きな数であることを感じています。

G 協同性

この種を植えたから、目の前にあるグリーンカーテンができたことに気付きました。自分たちが種を植えて協力して育てることで、葉がしげり、実がなってさらにまた種ができることを感じています。

10の姿はどこで生まれたか整理してみよう

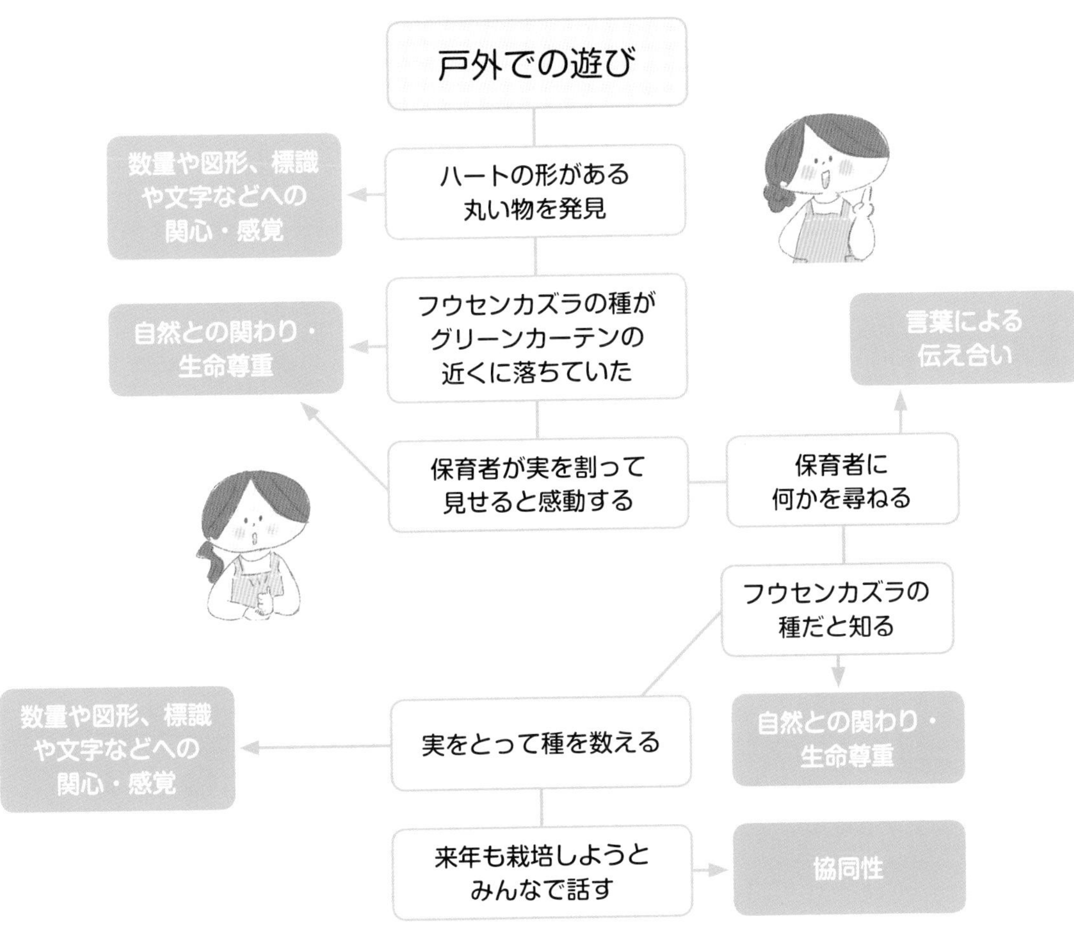

「植物が身近にあるよさ」を感じる

豊かな自然環境は、子どもに多くの気付きと学びをもたらします。園庭の樹木や草花には一つ一つに意図があり、計画して植えられているものと心得ましょう。

この事例には、フウセンカズラが登場します。グリーンカーテンとしては、ゴーヤと共に人気があります。まん丸の黒い種に白いハートの形がくっきりと一つ付いています。初めて見た子どもは自然物とは思えないそのかわいらしさにびっくりするでしょう。また、実がはぜて種が出てくる様子にも目を奪われます。このような自然物との出合いが感動をもたらし、自然を生活に取り入れながら守っていこうとする気持ちを育てます。

種を集めると、当然、数えるという行為につながります。いつ植えるかを考えると、カレンダーにも目が向くでしょう。季節や月日の感覚も養うチャンスになります。

事例で見る10の姿

事例5

カナちゃんの誕生日

今日はカナちゃんの誕生日。友達や保育者に祝われる、特別な1日です。
嬉しい1日の中で、本人にも周囲にもたくさんの育ちの芽が見られます。

1
今日は カナの誕生日！ 嬉しいー！ ５歳になったよ
おはよう！ そうだよね、先生も 嬉しい！

2
朝の会
今日は
カナちゃんの 誕生日です
モジモジ
えー！ ぼくも もうすぐだよ
５歳だ！
おめでとう！

3
誕生日ワッペン、 どうぞ
ワーイ
いいな〜
かっこいい〜！

4
さあ！ お天気がいいから 外で遊ぼう！
ワーイ

5
あら、カナちゃん、 誕生日なんだね おめでとう！
ワッペン 見て〜
おー 光ってる
いいな〜
A
おめでとう 先生は10月が 誕生日なのよ
もう５歳 なんだね

A 言葉による伝え合い

友達が誕生日であることを知り、お祝いの言葉をかけています。誕生日のワッペンを付けていることから、他クラスの子にも「今日があの子の誕生日」が伝わり、「おめでとう」が飛び交います。

B 道徳性・規範意識の芽生え

友達の誕生日を素直に祝えず、悪態をついています。抗議されたことで悪かったと気付き「ごめん」と謝っています。からかっただけかもしれませんが、人を不愉快にすることは慎もうと感じたでしょう。

C 数量や図形、標識や文字などへの関心・感覚

子どもが数える中で最も嬉しいのは、自分の年齢でしょう。ケーキにローソクをさす際、今までより１本多くなった喜びは、大人の比ではありません。４歳になった日から今日までの長い１年に相当する重い１本です。３歳から４歳、４歳から５歳、５歳から６歳になる大きな喜びをみんなに見守られながら、体いっぱい感じています。胸を張って数えたくなる数字でしょう。自らの必要感に基づき、数に親しみをもち、興味や関心、感覚をもっています。

D 豊かな感性と表現

歌のプレゼントを心をこめて歌っています。お祝いの気持ちを歌で表現しています。誕生日を迎えた友達が喜んでくれるだろうことを予期し、子どもたちの心が通い合う豊かな表現となっています。

E 言葉による伝え合い

誕生日を迎えた子どもへのインタビューです。好きな食べ物や色、遊びなど、いろいろなことを尋ねられます。クラスみんなの前で注目を浴びながらインタビューに答えるというのは、そんなに頻繁にあることではありません。緊張したりドキドキしたり、日常にはない体験となります。いつもはおとなしい子でも、誕生日を迎えて一つ大きくなった喜びから、次々とくる質問に自分で答えようとする意欲が生まれるものです。ときには保育者に助け舟を出してもらいながらも、答えられた喜びを感じるでしょう。

F 数量や図形、標識や文字などへの関心・感覚

誕生日に園からプレゼントとして手形付きのカードが贈られる場合があります。数日前に手にインクをつけて取ったもの。友達が手の大きさ比べをしたがっているのは気付きの一つといえます。

10の姿はどこで生まれたか整理してみよう

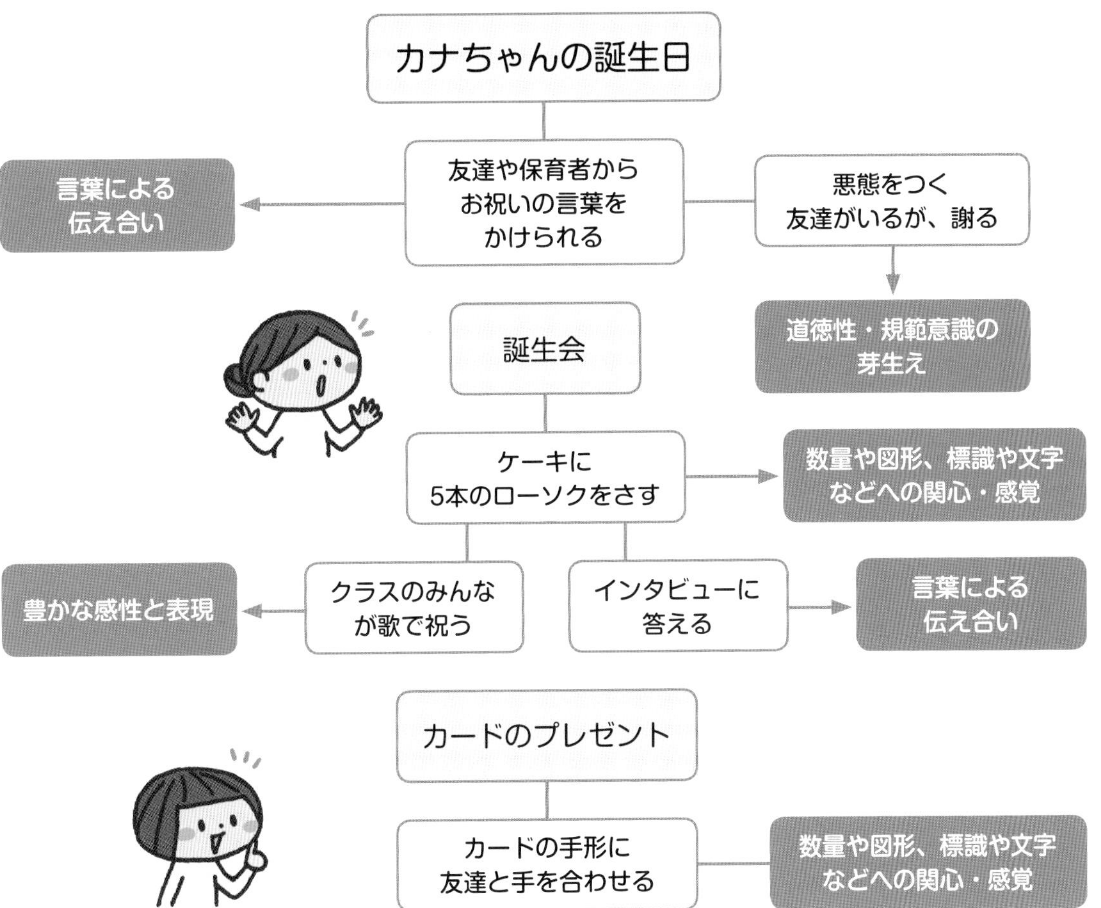

自尊心が大きく育つ特別な日

子どもたちが待ちこがれる誕生日。それは大人の比ではありません。４歳から５歳になる日は、世の中がひっくり返るほどの大きな出来事だと感じているでしょう。

そのような子どもの気持ちを受け止め、園でも様々な準備をしています。朝の会でクラスのみんなに伝え、誕生日ワッペンを付けます。ワッペンを見た人は、「この子は誕生日だ」と分かるので、お祝いの声をかけてくれます。

誕生会では、まさしく主役です。みんなの注目を浴び、インタビューを受け、自分のためにいろいろな出し物がなされます。みんなが祝ってくれる気持ちを十分に感じ、特別な１日を幸せな気持ちで味わっています。

自分は祝われるに値する大切な存在であることを自覚し、ほかの人の誕生日にも心から祝おうという気持ちになるのです。

事例で見る10の姿

事例6

みんなで考える散歩マップ

気持ちのよい天気の日、散歩に行く計画を立てました。
いつもの町の、いつもの散歩。だけど、みんなで考えたらこんなに楽しみに！

1
ある秋の日——
わあ、いいお天気！
ガラ…

2
先生～！
お散歩行きたいなー！

3
A
ぼくの家の近くにドングリがいっぱい落ちてる公園があるから、そこに行きたい！

4
あっちゃんの家の近くにも公園あるよ！
B
園をずっとまっすぐに行って、あそこを曲がって…そしたら…
あるよ！
わかんないよ

5
園のとなりの公園でいいじゃん
なつめえん

6
どうしようか
うーーん…
C

A 言葉による伝え合い

どこへ散歩に行きたいか、自分の考えを自分なりの言葉で伝えています。相手に内容が理解できるように、どこにある公園か、その公園の魅力は何なのかも分かりやすく話しています。

B 協同性

みんなで散歩したいという共通の目的をもち、考えを出し合っています。出し合うことで思いを共有し、よりよい方向へみんなが納得して進むということができるようになります。

C 思考力の芽生え

保育者の指示に従って散歩に行くのではなく、自分たちの生活を自分たちで考えて決めて行うという姿勢で取り組んでいます。どこへ行くことがより楽しいか、それぞれが考えを出し合いました。そして、自分とは異なる考えがあることに気付きました。そのうえで、どうすることがみんなにとっていいことなのだろうと、考え直しています。結論を急ぐのではなく、十分に時間をとって考えてみることで、思考力は養われます。保育者は、子どもが自分なりの考えを恥ずかしがらずに表すことができる雰囲気づくりを支援することが望まれます。

D 社会生活との関わり

保育者が園の周辺地図を出したことにより、道筋が視覚的に目に飛び込んできました。自分の家を見付けたり、いつも行っているスーパーを発見したりしています。自分の体験した場所を地図上で認識しているのです。そして自然に、その場所での自分の経験を口にしています。つまり、自分たちの暮らしは園内や家庭にとどまらず、近所の店や病院などを含めた社会の中にあるということを理解しているのです。友達の言葉からも地域の情報を得ることになります。社会とつながる重要な活動となっています。

E 健康な心と体

散歩のコースが決まり、みんな意欲的に準備を始めました。自分たちのやりたいことに向かい、見通しをもって行動している姿です。水分補給、日よけ対策もしっかりできています。

F 道徳性・規範意識の芽生え

自分の行きたいコースがほかにあった子どももいますが、自分の気持ちを調整し、折り合いをつけています。自分の意見を引っ込める経験をし、ふてくされずに散歩を楽しんでいます。

10の姿はどこで生まれたか整理してみよう

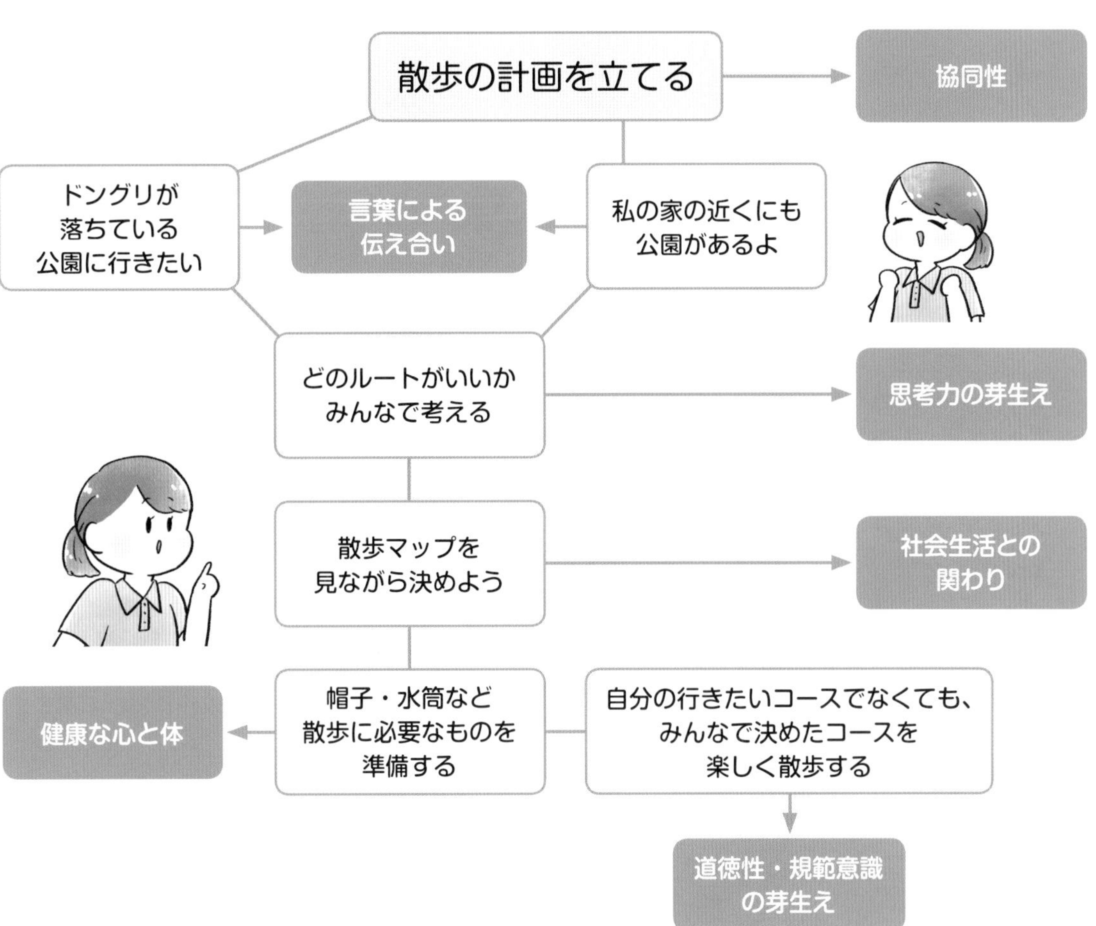

自分たちのことは自分たちで決める

保育者に連れられて行く散歩よりも、自分たちで考えて、話し合って決めたコースの散歩であることに意味があります。

それぞれが行きたい所を言うだけでは、ルートを決めることはできません。ここで保育者が引き取って話をまとめるのではなく、地図を出したことがよい援助でした。それぞれの頭の中にあった場所のイメージが、地図上でつながったのです。そして、頭の中にはなかったスーパーや肉屋まで、地図を見たことでイメージできました。園からの遠さ、近さも視覚的に捉えられました。さらにどの道を通るか、どの角をどちらに曲がるかまで、同一平面上でみんなで理解できたのです。

主体的な活動によって決めたことには、子どもの準備も早いもの。このワクワクが、育ちの源となります。主体的な活動を保障しましょう。

5歳児

事例７

車いすで参加できるリレー

車いすのレイちゃんも、リレーで一緒に走りたい。クラスみんなが思いを受け止め、知恵を出し合いました。育ち合う姿そのものです。

A 健康な心と体

運動会に向けて、体を十分に動かして運動的な遊びを楽しんでいます。本番にかっこいい走りを見せたいと、見通しをもって取り組んでいます。体力もつき、健康的な生活につながります。

B 自立心

友達の走る姿を見て、自分も走りたいという欲求を感じています。自分の力で何とかできないか考えたいのですが、今はどうしていいか分からず泣くことで訴えています。

C 道徳性・規範意識の芽生え

車いすの友達の様子を見て、周りの子どもたちの心が動きました。友達の「自分も走りたい」という気持ちが分かったのです。相手の身になって感じ、考えようとしています。

D 協同性

車いすの友達も一緒にリレーを楽しむことはできないか、クラスで話し合いが始まりました。人ごとではなく、共通の目的として意識し、考えを出し合い、協力して進めようとしています。

E 道徳性・規範意識の芽生え

車いすの友達も楽しく参加できることを願い、その方法を考えて、アイデアを練りました。自分のことよりも相手を優先したい思いやりをもち、自分の気持ちを調整しています。

F 思考力の芽生え

車いすの友達にも参加してもらいたいという思いと、それでもリレーで負けたくないという思いがぶつかります。どのように折り合いをつければよいのか、議論することで考えを深めています。

G 言葉による伝え合い

みんなはそれぞれ車いすの友達がリレーに参加できる方法を考えて、言葉で表現しています。実現できそうにもないものも含め、言葉で伝え合い、相手の言葉を注意して聞いています。

H 自立心

みんなで話し合ってバトンを渡す係になり、充実感をもって自分のやりたいことに向かっています。自信をもって自分の力で役割を果たし、達成感を味わっているでしょう。

10の姿はどこで生まれたか整理してみよう

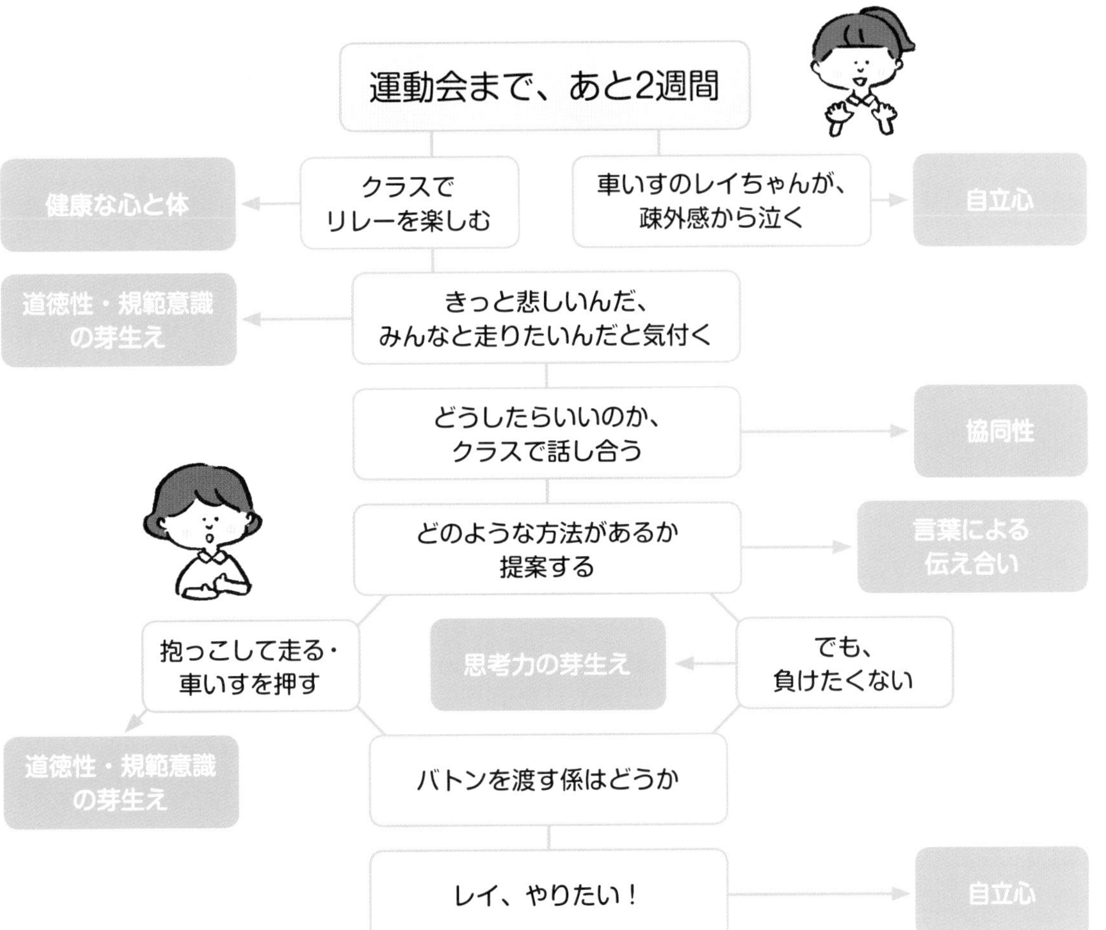

必要感から、みんなで考えるよさ

運動的な遊びに、子ども全員が参加できるとは限りません。運動に制限のある子もいますし、張り切って練習しすぎて手首や足首を痛める子もいます。

この事例では、車いすの友達をめぐりクラスで話し合いがもたれました。友達の涙を見て心を動かされたのでしょう。もし自分が車いすだったら、と自分に置き換えて、レイちゃんの気持ちを理解したのだと思われます。なんとかして一緒にリレーをする方法を、みんなで考えようとしています。

相手のために勝つことを諦めて自分を犠牲にするのは、一見かっこいいですが、それは両者にとってよいことではありません。葛藤しながらも、自分たちで道を探すことに育ちがあります。自分には考えつかないようなアイデアを出す友達からも、学ぶチャンスが生まれます。友達のよさにも気付く機会です。

事例で見る10の姿

事例 8

年末の拭き掃除

毎日過ごしている保育室に感謝の気持ちをこめて、みんなで大掃除。
友達同士で掃除の仕方を工夫する姿に、育ちの芽が感じられます。

1
明日から冬休み。今日はみんなで部屋をきれいに拭きましょう
ハ～イ
やったことある！

2
私、家でやってるからできるよ！
A
ギュッ
ヨイショッ
へえ～

3
タッ タッ
タッ タッ

4
ピカ
カッコイー
上手だぁ
ピカ

5
よし、ぼくもやってみる！
こうかなぁ
みんなの部屋、キレイにするぞー
B
パンッ
パンッ

A 自立心

雑巾を絞って水拭きをすることを、日常的に自宅でもしていることを伝えています。家族の一員としてしなければならないことを自覚し、自分の力で行うことで、自立心が育っています。

B 健康な心と体

保育室を掃除してきれいにするという目的をもち、自分たちで心と体を働かせて取り組んでいます。自分たちが生活する場を美しくすることは、健康で安全な生活をつくることにほかなりません。

C 思考力の芽生え

雑巾を絞る際に水分を多く残してしまうと、床が滑りやすくなり危険です。子どもたちは、水で濡れていると滑るという水の特性を、身をもって知り、どうすればよいか考えました。

D 言葉による伝え合い

床に水たまりをつくらないコツを、言葉でみんなに伝えています。それも、分かりやすいように「ギュウギュウ」というオノマトペを使いました。合言葉のようになり、楽しい活動につながりました。

E 協同性

自分たちの保育室を美しくするという共通の目的に向かい、協力して取り組んでいます。床に水たまりをつくらないためにはどうすればよいかを考え、雑巾の絞り方を伝え合い、実行しました。まっすぐに拭くためには床の板の線を利用すればよいのではないかと考え、分担しました。ときには曲がりながらも、曲がったことに気付き、次には曲がらないように気を付けて拭けることでしょう。力を合わせて取り組み、きれいになる喜びを共に味わっています。理事長先生にもほめられ、充実感を感じました。

F 数量や図形、標識や文字などへの関心・感覚

床の板に線があることを発見し、やみくもに拭くよりも線に沿って拭けば効率がよく、きれいになることに気付いています。等間隔の板のつぎ目を上手に利用し、生活の中に生かしています。

G 社会生活との関わり

年末には大掃除をする必要性を感じ、自分たちの保育室の掃除を始めました。自分たちのしたことが理事長先生にほめられたことから、園の役に立っているという喜びを感じました。

10の姿はどこで生まれたか整理してみよう

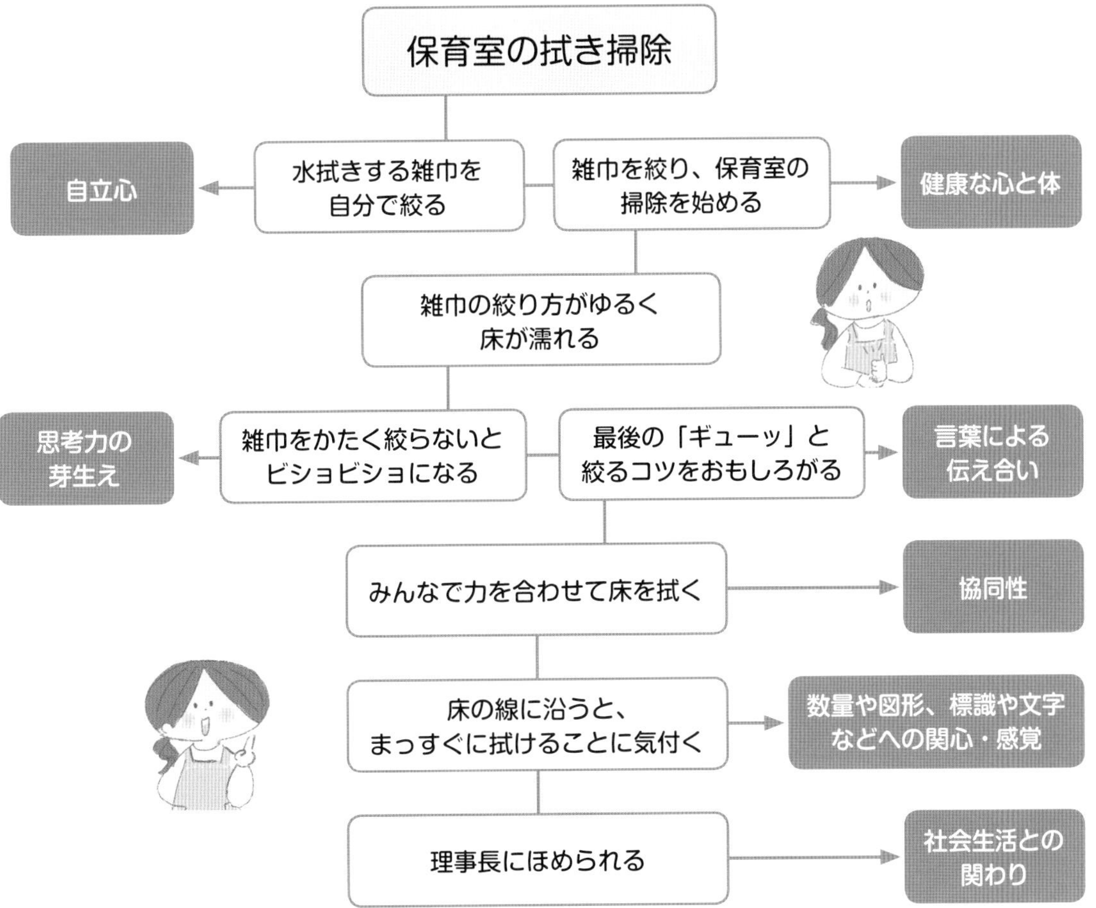

「子どもに任せること」で育つもの

「効率よく掃除をさせよう」とだけ考えている保育者には、これらの育ちを導くことはできないでしょう。子どもは一つ一つの活動に全力で取り組み、失敗し、その失敗から学んでいくことを長いスパンで捉えて保育する必要があるからです。

子どもたちはそれぞれ生活経験に差があります。雑巾を絞り慣れている子もいれば、初体験の子もいます。保育者がまず全員に1から絞り方を教えてから始める方法もありますが、それでは子ども同士で教え合うチャンスの芽を摘むことになるでしょう。友達から教わるから、その子のよさを知ることになります。「ギュー」から「牛乳」を連想する友達もユニークです。友達と力を合わせて保育室をきれいにした経験の中で、「板の目に沿う」という生活の知恵まで手に入れられたのです。

事例 9

大好きなアメリカンドッグ

おいしいおやつ、アメリカンドッグ。友達同士の会話がはずみます。
そのやりとりの中に、育ちの芽が見つかります。

1
昼食のとき
今日のおやつ、なんだっけ？
アメリカンドッグ！
食べてるのに…

2
…なに、それ？
ほらー、棒があってカリカリのついてるやつ！
A

3
あ〜…あれね…
おいしいよね
あたしも好きー

4
園のアメリカンドッグ、おいしいよね！
B
ねー
そうそう
ごちそうさま！
ごちそうさま〜

5
おやつタイム
ランチルーム
ほらあ！やっぱりアメリカンドッグ！
1番のり〜

A 言葉による伝え合い

アメリカンドッグというおやつの名前を知っており、知らない友達にどのような食べ物か分かるように説明しています。目に浮かぶように外見を思い出して、言葉で表現しようとしています。

B 健康な心と体

おやつについての会話をしながら、おいしく給食を食べ終えました。規則正しい生活を送り、心も体も健康である様子が伺えます。挨拶もちゃんとして、おやつの見通しももっています。

C 健康な心と体

予期した通りのおやつを食べることができて、とても満足しています。「おいしい」と十分に味わっておやつを楽しんでいます。自ら健康的な生活をつくり、充実感を感じています。

D 言葉による伝え合い

おいしく食べているおやつの名前を忘れてしまいました。でもそのまま放っておくのではなく「なんていうんだっけ？」と、友達に言葉で尋ねています。相手の言葉を注意深く聞こうとしています。

E 社会生活との関わり

アメリカンドッグというおやつの名前を伝えた後、「アメリカから来たんじゃない!?」と言い添えています。アメリカという言葉は外国の名前であることを知っています。知っている情報を使って推理したのです。アメリカンチェリーという言葉も知っていたかもしれません。はっきりと分かるわけではありませんでしたが、ある情報をもとに自分の考えを伝えています。相手の役に立つかもしれないと思っています。後で調べてみようとすることにもつながります。

F 道徳性・規範意識の芽生え

アメリカンドッグがおいしくて、もう１本食べたいと強く願い、保育者に尋ねましたがおかわりはありませんでした。食べたかった気持ちはくすぶり、しばらく悶々としています。そしてやっとその気持ちを抑え、牛乳をおかわりしようとしました。なんと時はすでに遅く、牛乳までなくなっていたのです。泣きっ面に蜂のような気分になり、がっかりしました。でも、またそこで落ち込むことはなく、気持ちを切り替えました。自分の気持ちをコントロールできたのです。

10の姿はどこで生まれたか整理してみよう

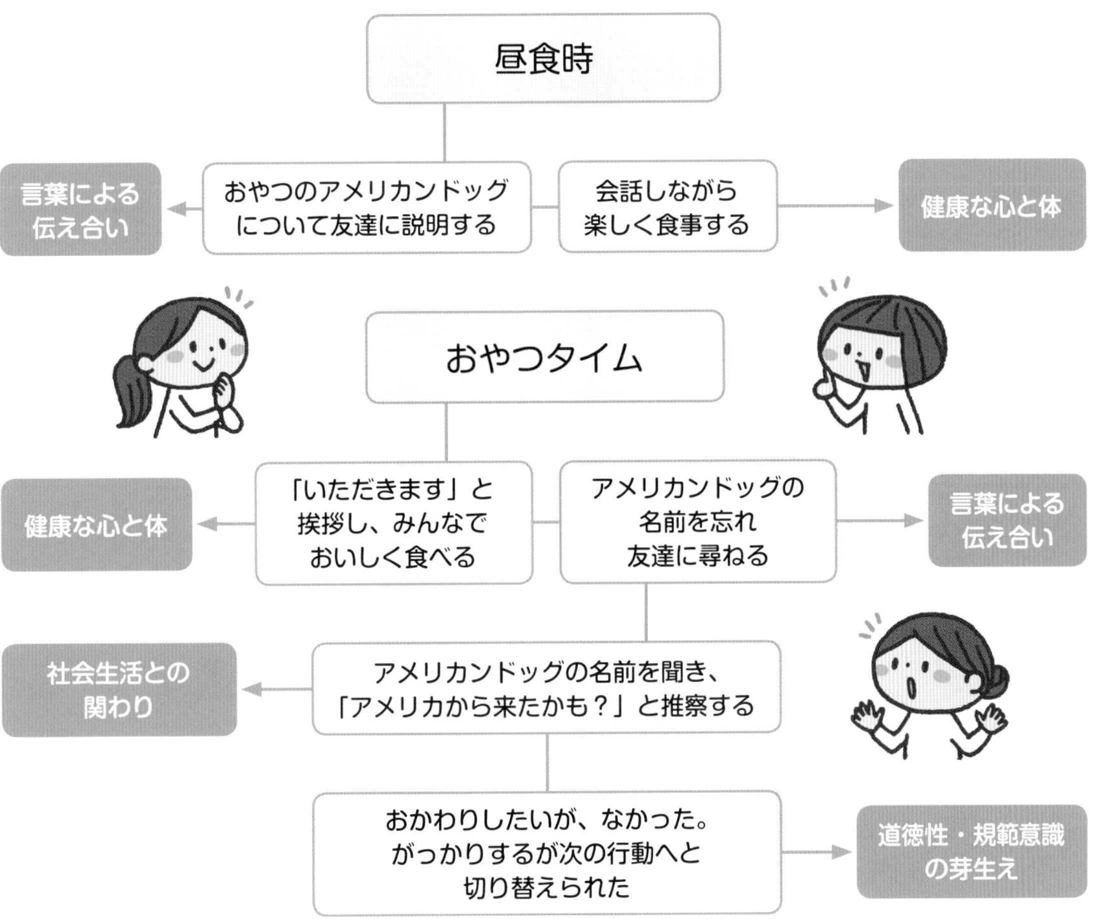

人生には、思い通りにならないこともある

おやつは子どもたちのお楽しみタイム。5歳児になると予定表を見て心待ちにする子も増えます。見通しをもって生活できるようになったといえるでしょう。

「アメリカンドッグ」というおしゃれな名前とおいしい味。「『ドッグ』って犬だよね」と言う子がいてもおかしくありませんね。もっと食べたくなる気持ちも分かります。「おかわり、ある？」とダメ元で尋ねるのも大事な姿です。黙っていては、あってももらえません。牛乳のおかわりもなくなりがっかりが続きましたが、こんなことでふてくされていては、生きていけません。人生には、「自分の思い通りにならないこと」が多くあるからです。気持ちを切り替えて明るい気分で次へ向かう姿勢は、保育者に支えられながら少しずつ身に付いていきます。残念な思いに共感しながらも、明るく関わりましょう。

事例 10

野菜栽培の担当を決める

5歳児クラスでは毎年、自分たちで植える野菜を決めます。
年によって育てる野菜もその決め方もいろいろ。子どもたちの育ちも異なります。

1
夏にできる野菜を育ててみる？
何がいいかな？
プランターで7種類まで育てられるよ！
おぉ～っ!!!

2
ワーワー!!
ぼく、トマト！
キュウリ、いいよね
キャベツは？
モモは!?
リンゴとか…
じゃあイチゴも！

3
この時期に合う野菜を調べてみよう
やさいをつくろう!!
A いろいろあるね

4
スイカも育てられるんだ！
インゲンも！
よし、7種類決まった！

5
B 私、ピーマン嫌だぁ
わい
僕はキュウリ！
わい
わい
トマトがいい！
それぞれに思いがあるね。トマトを育てたい人は？

6
あらら…

トマト	キュウリ	ピーマン	ナス
8にん	6にん	1にん	4にん
オクラ	スイカ	インゲン	
2にん	4にん	0にん	

C ちょっと偏ってるね

A 社会生活との関わり

この時期に植えるのにふさわしい野菜を調べています。植物には植える時期、実る時期があることを知り、自然の法則に従って育てようとしています。生活に必要な情報を図鑑などで集める姿です。

B 思考力の芽生え

食べたい野菜や果物と、植えられる野菜や果物は異なることに気付き、自分は何を育てたいかを改めて考え直しています。そして、主体的に「私はこれを育てたい」と決めて、主張することができました。

C 数量や図形、標識や文字などへの関心・感覚

育てたい野菜に手を挙げた結果が、数となって表に書き込まれました。ここで子どもは数に注目しています。多い数、少ない数を認識し、調整しなければならないことも感じています。

D 自然との関わり・生命尊重

クラスみんなで野菜を育てるグループをつくり、苗を世話する活動が始まりました。土に触れ、苗に触れ、毎日水やりをしながら、生長を目のあたりにします。育てる喜びを十分に味わっています。

E 協同性

４～５人のグループで野菜の世話をします。共通の目的をもち、役割分担をしたり情報を伝え合ったりしながら取り組んでいます。協力し、充実感をもちながら活動しています。

F 自立心

身近な環境に主体的に関わる栽培活動の中でしなければならない世話を行い、収穫の喜びを味わいました。やり遂げた達成感を十分に仲間と味わっている姿です。自信をもって行動しています。

G 健康な心と体

苦手な食べ物がある子どもでも、自分が育てた愛着のあるものなら食べることができる場合があります。スーパーで売っているものとはまったく別の味がすることでしょう。充実感をもってやりたいことに向かい、心と体を十分に働かせて野菜を育て、収穫の喜びを味わったことにより、その野菜は自分にとって特別のものとなりました。さらに新鮮であることから、野菜本来のおいしさが感じられたのでしょう。苦手だと思って受け付けなかった野菜を、今では食べられるようになったことは、世界が広がる喜びにほかなりません。

10の姿はどこで生まれたか整理してみよう

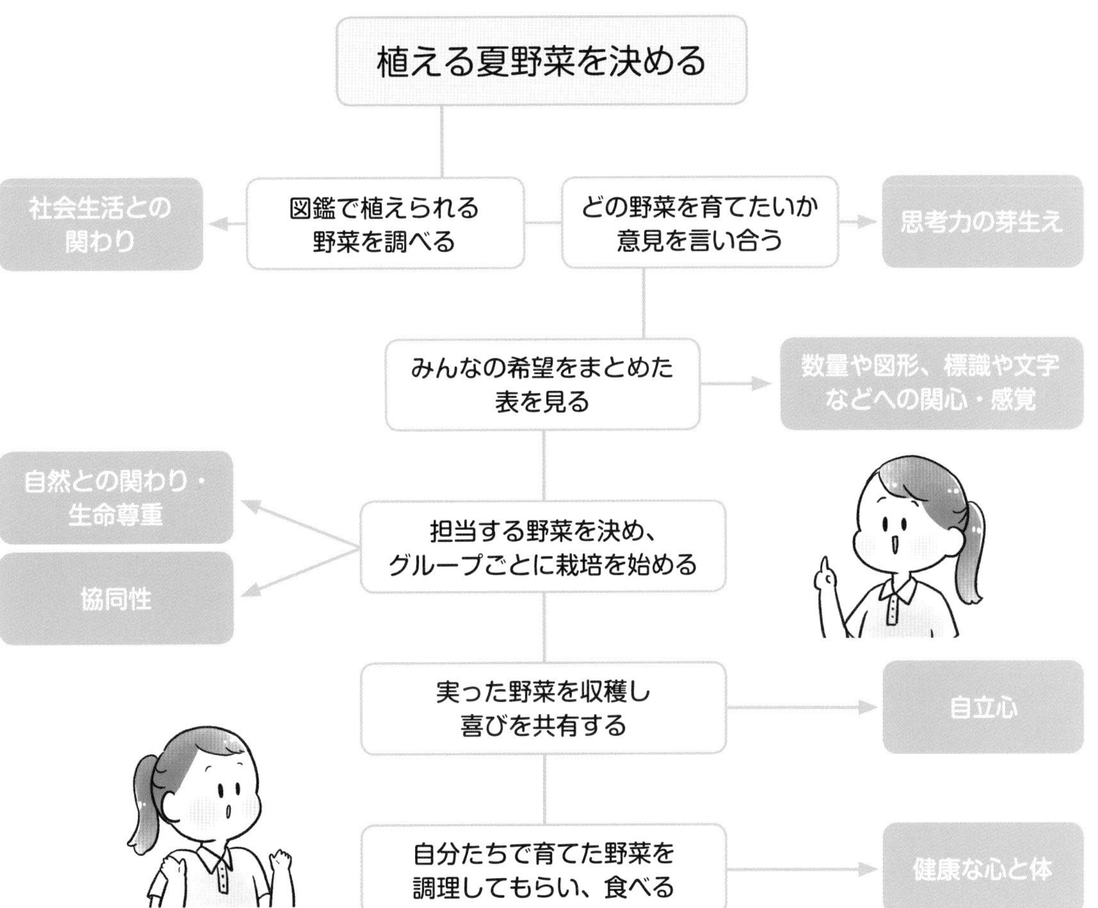

主体的に決めれば、収穫は大きい！

野菜を育てることで野菜の生長する姿を知り、「命をいただいている」という思いも強くなります。この事例のように、苦手な野菜も自分で育てたことにより、食べられるようになる場合があるのも事実です。

だからといって野菜の世話さえさせればよいかというと、それだけでは十分ではありません。事例では、何を植えるかというところから子どもたちに投げかけています。決められた野菜を言われたように植えるよりも、野菜の種類を自分たちで決めるほうが、グッと意欲がわくはずです。そのことにより、野菜を育てるのに適した時期があることにも気付きます。「花が咲いた」「小さな実をつけた」という感動は、自分１人よりも共に世話をした仲間と共有することでさらにふくらみます。喜んでくれる保育者や給食室の方が、それを支えているのです。

事例で見る10の姿

5歳児

事例 11

おうちのドアを作ろう

おうちごっこが盛り上がり、こんなものがほしい、作りたい、みんなで作ろう、と子ども同士の話し合いから発展しました。育ち合う姿がそこにあります。

A 言葉による伝え合い

おうちごっこ中で、本物のようなおうちが欲しくなった子どもたちは、あったらいいものを言葉で表現しています。家にある玄関やお風呂を思い浮かべ、友達に伝えています。

B 自立心

おうちを作るためには大きな段ボールが必要なことを感じ、園長へ頼みに行きました。自分たちの目的のための材料を自分たちで手に入れるために行動を起こしたのは、主体的な行動といえます。

C 協同性

手に入れた段ボールをさっそくドアにするため、みんなで力を合わせています。共通の目的のために、何を用意してどう行動すればいいか考え、実行しています。思いや考えを共有しています。

D 豊かな感性と表現

段ボールの花の模様は意図的に残し、周りを茶色の絵の具で塗りました。あるものを上手に生かしてよりよいものを作ろうとする姿です。茶色にすることで、木のドアに見せたい思いが感じられます。

E 豊かな感性と表現

花の模様を見て、本物の葉っぱも飾りたくなったようです。森の小屋にリースを飾る、そんな絵本をみた経験があるのかもしれません。生活や遊びの中に自然を取り入れようとしています。

F 社会生活との関わり

園長から段ボールを一つもらいましたが、もっとあったらよい家になると考え、自宅からネット通販の箱を持参しています。段ボールがどのように流通しているのかを知り、遊びに生かしました。

G 思考力の芽生え

大きな段ボール箱が届き、これをどのように使うかについて考えています。家の中で作りたいものは複数あります。ドアの次にあったらいいもの、この大きさが生かせるものを考えています。

H 協同性

考えを出し合い、ステキなおうちにするために協力して活動しています。作りながら遊び、遊びながら作り、仲間と進めるよさを感じています。共通の目的を実現させて充実感を味わっています。

10の姿はどこで生まれたか整理してみよう

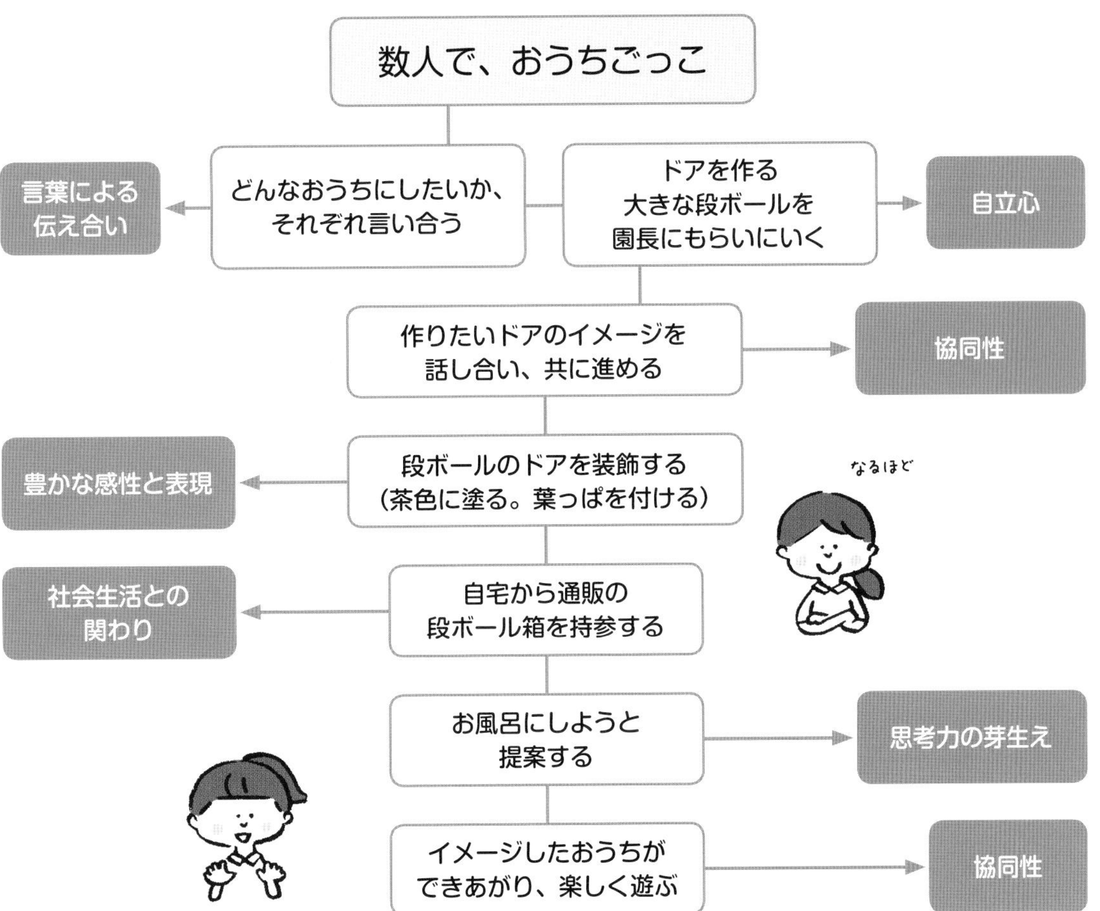

遊びながら、考えながら、協同する

幼いころからしてきたままごとやおうちごっこも、５歳児になると組織的に進化し、「もっと本物みたいな家にしたい」という願いが生まれます。

ドアを作るためには何が必要か、それを手に入れるには誰に頼めばよいのか、子どもはこれまでの経験から学んでいます。さらにどんな道具が必要か、もっとステキにするためにはどんな工夫をするか、子どもたちは考え、遊びながら、その過程を楽しんでいます。

大切なのは「遊びながら考える」ということです。はじめから計画して上手に完成させることが目的ではありません。遊んでいる中で作りたいものが現れ、材料を見てまたひらめき、という揺れの中で、子どもの考える力やセンスは、そこに仲間がいることで、さらに友達から学び、力を合わせるよさを経験します。

事例で見る10の姿

5歳児

事例12

高齢者との交流で

5歳児クラスでは、定期的に地域の高齢者の施設を訪問しています。
楽しみにする気持ちと、当日のできごと。そこでの子どもの思いに育ちを感じます。

A 社会生活との関わり

園の子どもとホームのお年寄りとの交流です。地域の人と触れ合い、社会を知る大切な機会となります。自分の祖父母以外のお年寄りと出会う貴重なチャンスでしょう。祖父母以上に高齢の方も多いはずです。多くの経験を重ねてきた方から昔の話を聞いたり、体が不自由になっても工夫しながら生活する姿を見たりすることで、多くを学びます。また、自分たちにできることをしてお年寄りの方々に喜んでもらいたい、役に立ちたいと願い、自分たちで計画することにもつながります。

B 健康な心と体

訪問する日が決まったら準備についてみんなで相談し、見通しをもって行動します。老人ホームで歌いたい、プレゼントを渡したいというやりたいことに向かって、生活を組み立てていきます。

C 豊かな感性と表現

どんなおじいさんがいるか、想像しています。自分の祖父や曽祖父の姿を思い浮かべているかもしれません。まだ会ったことのないお年寄りの姿を想像することで、感性が豊かになります。

D 数量や図形、標識や文字などへの関心・感覚

プレゼントはいくつ作ればみんなに渡せるか、2つずつならいくつ必要かを考えています。保育者に人数を確認したり、プレゼントを数えたりすることにつながります。

E 思考力の芽生え

おばあさんが涙を流しているのを見て、はじめは手が痛いのかと予想しました。でもそうではないことをホームの方の言葉から知ります。涙は嬉しいときにも出ることに気付きました。

F 道徳性・規範意識の芽生え

お年寄りに喜んでもらえたことが、自分の喜びにもなっています。人の役に立てたことが、自分の行動を振り返るきっかけにもなりました。

G 言葉による伝え合い

お年寄りに自分の言葉で思いを伝えることができました。また、帰り道に老人ホームで思ったこと、考えたことを自由に言葉にしています。豊かな体験をしたことで話す意欲が起こり、言葉による伝え合いを楽しんでいます。

10の姿はどこで生まれたか整理してみよう

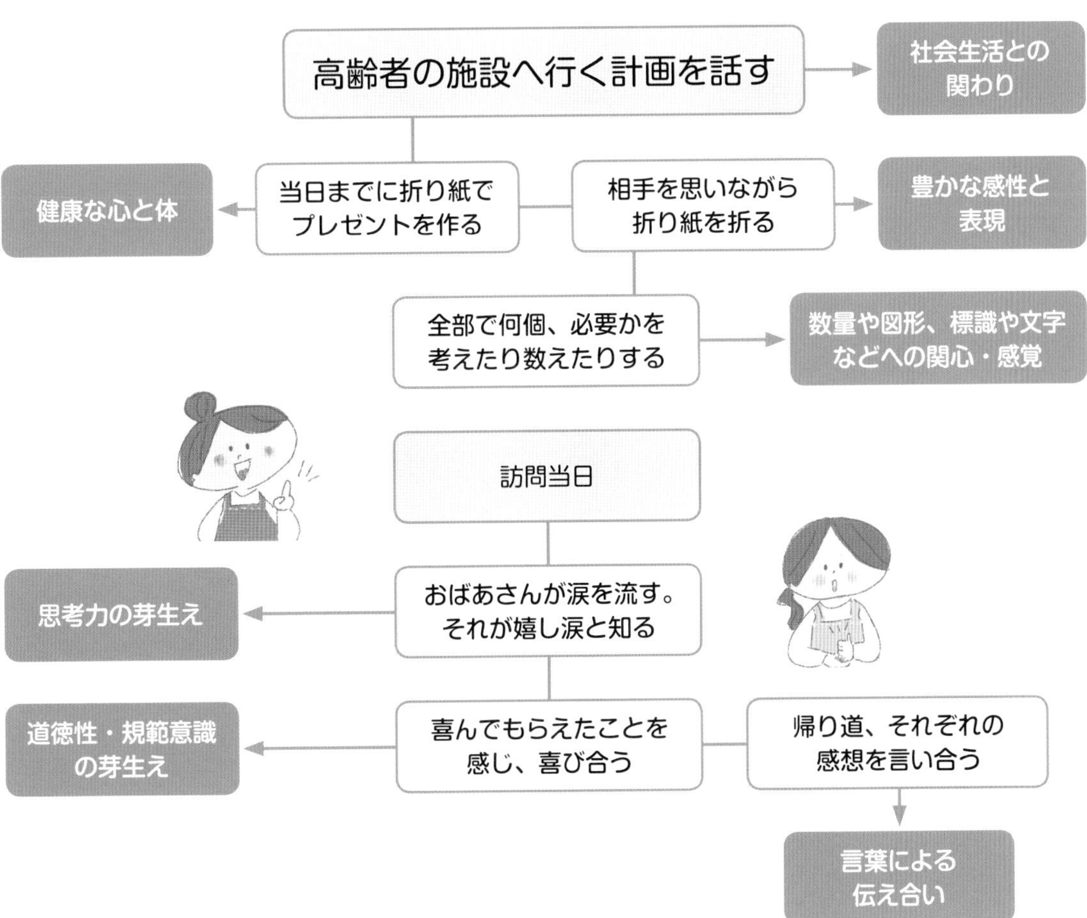

「名前のあるひとりの人」として出会う

高齢者との交流を年間計画に組み込んでいる園は多いでしょう。それは年齢差の大きい両者にとって、感じることの多いよい経験になるからです。

けれども、行きさえすればよいというものではありません。「かわいそうな高齢者のために行ってあげる」なんて思っていたら大間違い。それでは育ちよりも、害のほうが大きいでしょう。

2回目以降は、「お年寄りの施設へ行く」のではなく、「○○さんに会いに行く」と思えることが大切です。親しみをもった相手との再会を心待ちにする経験とするのです。すると、歌やプレゼントの準備をする際にも、相手の顔が浮かんでくるでしょう。

人と人の出会いを演出するのも保育者の仕事。子どもの育ちにつながる経験にするために、作戦を練りましょう。

第3章

「10の姿」を育む保育環境

「10の姿」を引き出すのは、保育者がつくる環境です。この章では、園での環境づくりの工夫を、写真とイラストで紹介します。

保育環境をつくる5つの要素

物的環境

子どもの発達に合わせ、興味をもってやってみたくなるものを準備することが基本です。おもちゃや用具、素材など思わず手に取りたくなる環境を整えましょう。

人的環境

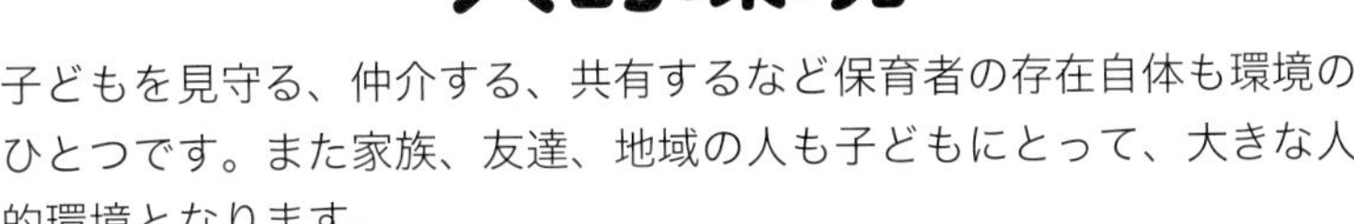

子どもを見守る、仲介する、共有するなど保育者の存在自体も環境のひとつです。また家族、友達、地域の人も子どもにとって、大きな人的環境となります。

時間

園生活の流れは、子どもの身体リズムを考慮します。脳の働きが活性化する午前10時から11時くらいは、1日のメインとなる活動を行い、昼食後は静かに過ごすなど、時間の配分を考えます。

空間

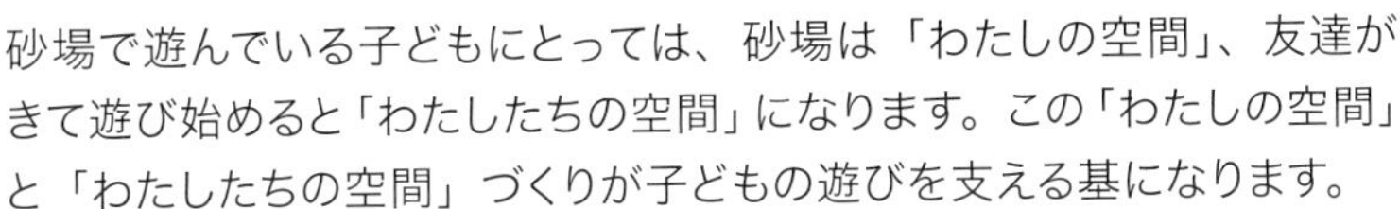

砂場で遊んでいる子どもにとっては、砂場は「わたしの空間」、友達がきて遊び始めると「わたしたちの空間」になります。この「わたしの空間」と「わたしたちの空間」づくりが子どもの遊びを支える基になります。

雰囲気

園生活に必要なのは、子どもを迎え入れる「温かな雰囲気」です。一方、読み聞かせの際には「静かな雰囲気」、避難訓練には「緊張した雰囲気」をつくります。

健康な心と体

楽しく体を動かし、自分のやりたい遊びができる場を用意します。生活習慣も分かりやすく伝えましょう。

やりたいことに取り組む

十分な用具を準備する

やりたいと感じたらすぐに手に取れるようにしておきます。用具も子どもを誘う存在です。

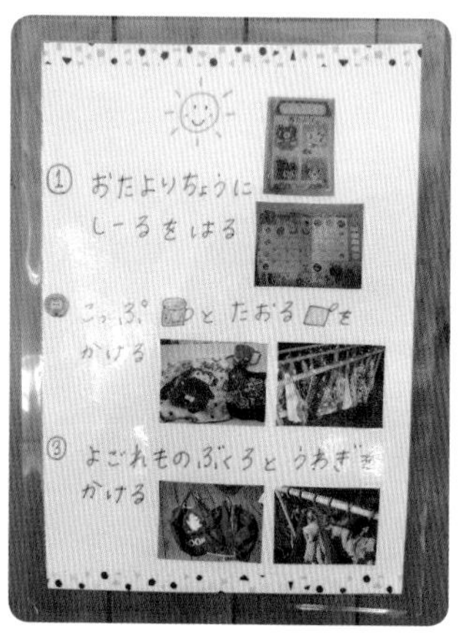

見通しをもって行動

朝のすることリスト

登園したらすることを、数字と共に文字と写真で見れば分かるように掲示しておきます。

生活習慣

丁寧に歯を磨こう

虫歯にならないような磨き方を身に付けるため、プラークチェックの用紙を準備します。そして磨き残しを確認します。

明日は遠足だ

見通しをもって行動

保育室にカレンダー

園行事がある日には、カレンダーに印を付けます。「1日寝たら遠足」など見通しがもてるようにします。

やりたいことに取り組む

自由に使えるタイヤ

転がしたり積んだり並べたりして、自由に遊べる廃材の一つです。しっかり持つなど安全にも配慮します。

生活習慣

楽しい食事の雰囲気

笑顔で食事ができるような会話や音楽など、雰囲気をつくります。食材の話題も食べる意欲を引き出します。

生活習慣

着替えにはラップタオル

水着へ着替える際には必需品。パンツはこのタオルの中で脱ぎます。人にお尻を見せないマナーも伝えます。

安全・健康

うわばきはまとめて

災害時、靴がないとガラス片を踏んだ際にケガをします。保育者がすぐに持てるようまとめておく習慣を。

やりたいことに取り組む

公園への園外保育

思い切り走れる広い公園へ行くと、子どもの身体は躍動します。行く先をいくつか確保しておきましょう。

生活習慣

歯磨きポスター

磨く順番を掲示します。磨き残しのないよう前歯、奥歯と見ながら磨くことができます。

安全・健康

手の洗い方を掲示する

濡らすだけでは、ばい菌は落ちません。指の間、手首、ツメの中まで洗う方法を伝えます。

自立心

自ら取り組めるような環境をつくります。「自分でできた！　嬉しい」を感じられるようにします。

最後までやり遂げる

挑戦したくなるものを用意

けん玉や羽子板など「やってみたい」「できたら嬉しい」を引き出すため、目につくように箱にまとめておきます。

すべきことを行う

次は誰かな？　当番カード

順番に回ってくる当番。次は誰かも気になります。みんなが見られ、手の届く場所に掲示します。

考えたり工夫したり

ときには外で昼食を

天気のよい日はピクニック気分で外ランチ。どこにシートを広げたらいいか、自分で決められるよう広げていいエリアを伝えます。

すべきことを行う

出しやすく片付けやすい棚

どこに何があるか見て分かれば、自分で出し入れすることができます。子どもが取り出しやすいようにします。

最後までやり遂げる

段階を踏み、こま回しに挑戦

始めは手びねりのこまから回せるように用意します。回ったときは達成感でいっぱい。次は、糸引きこまに挑戦します。

達成感・満足感を得る

栽培を続け味わう喜び

自分で選んだ野菜の世話を続け、ようやく実りの時期を迎えました。毎日目に入る場で栽培します。

すべきことを行う

金魚にエサをやる

エサは多すぎても、少なすぎても、金魚は生きていくことができません。生き物を飼うことの責任を学びます。

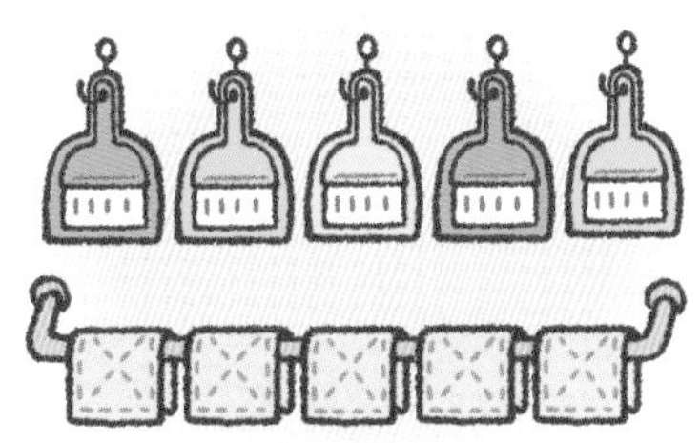

すべきことを行う

整頓された掃除道具

必要なときにすぐに使えるよう、ほうきやバケツ、雑巾などは分かりやすく置いておきます。

考えたり工夫したり

鉄棒の近くにタイヤを

鉄棒に手が届かなくても、タイヤを上手に使えば補助具になります。バランスをとりながら、使い方を工夫できるようにします。

すべきことを行う

ロッカーを自己管理

自分の持ちものはロッカーに入れます。自由画帳、クレヨン、はさみ、着替えなど整頓できるよう導きます。

達成感・満足感を得る

私の苗は自分で育てる

自分専用のペットボトルの鉢なら、自分で苗の成長を見届けられます。愛着が生まれ大切に育てるようになります。

10の姿を育む保育環境

協同性

園生活のなかで、友達と相談したり、力を合わせて取り組んだりする機会をつくりましょう。

相談して取り組む

作戦会議のタイミング

チームに分かれて作戦タイム。どうすれば勝てるのか、それぞれの考えを出し合えるよう仲介します。

自分の気持ちを伝える・聞く

輪になって座る

複数で話し合いが必要な際には、みんなの顔が見えるよう輪になって座るよう導きます。

一緒に活動する楽しさ

坂道は力を合わせて

自分の力だけではうまくいかない場合は、友達に助けを求めることを伝えます。力を借りれば乗り越えられる経験をします。

相談して取り組む

羽根を落とさないためには？

なかなか続かない羽根つき。子ども達は相談して、保育者対子ども4人チームで挑戦するアイデアを出しました。

力を発揮する

ひとりひとりのよさが輝く共同製作

それぞれが自分のカップを個性豊かにつくり、それを集めた共同製作。みんなの中に自分も位置付いていることを感じられるようにします。

一緒に活動する楽しさ

共鳴するリズム遊び

みんなでリズムにのり、体を動かして遊びます。同じタイミングで跳んだりポーズしたり、一体感を感じられるようにします。

力を発揮する

好きなコーナーで友達と出会う

それぞれ好きなコーナーでやりたいことを見付け、そこにいる友達と関わって遊べるよう場をつくります。

力を発揮する

役割分担しながら製作する

ドングリをどのように転がすか、筒や板を準備して相談しながら道具をつくります。支える人、貼る人など子どもの役割を見守ります。

自分の気持ちを伝える・聞く

仲間に呼びかける

「○○したい人、この指とまれ」と仲間を集めるよさを伝えます。呼びかければ応える仲間がいると信頼する気持ちを育みます。

一緒に活動する楽しさ

仲間と共に栽培する

グループごとに野菜を育てています。今日はどの位大きくなっているか、友達と一緒に確かめて共有する場をつくります。

10の姿を育む保育環境

道徳性・規範意識の芽生え

きまりを守ることや、相手を思いやることは、生きていくうえで重要なことです。保育のなかで機会を捉え身に付くようにします。

してよいこと悪いこと

車のスピードを体感する

散歩中、歩道橋から車を見るように話します。そのスピード感から接触したら危険だと身をもって知ります。

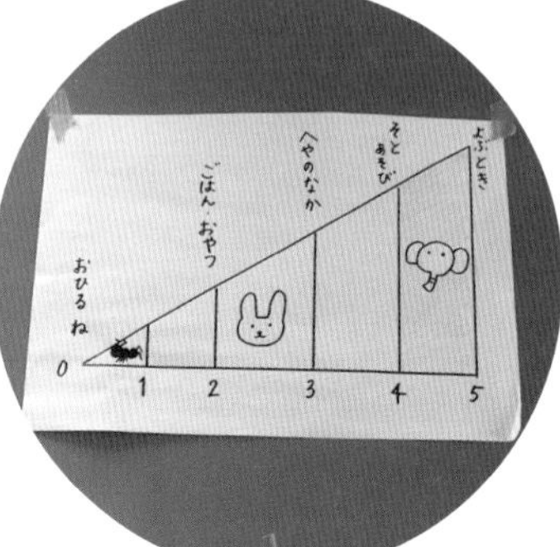

行動を振り返る

声の大きさ目盛り

普段の話し声はウサギさん、昼寝の時は小さいアリの声と、その場に応じた声の大きさがあることを視覚で知らせます。

してよいこと悪いこと

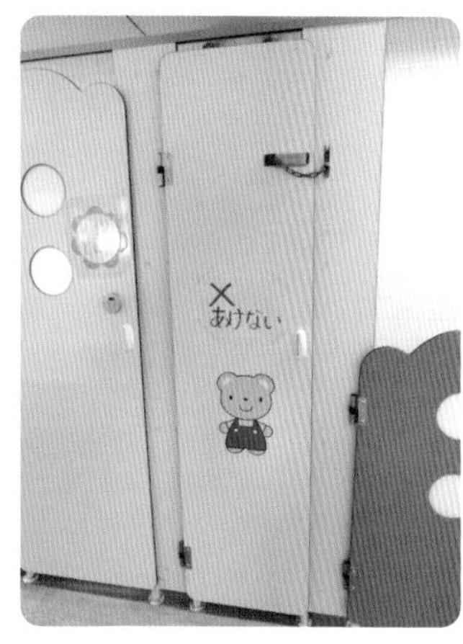

開けてはいけないドア

園には入ってよいところと、いけないところがあります。していけないことをバツ印で伝えます。

行動を振り返る

お客さんとしてのマナー

劇遊びを見る際は、おしゃべりせず口を閉じます。しゃべるとセリフが聞こえず楽しめないことを伝えます。

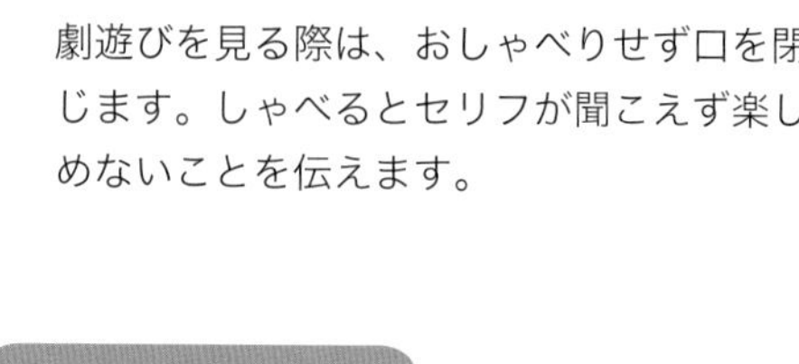

きまりの必要性

滑りたい人は並ぶ

やりたい人が大勢いる場合、並べば順番にすることができます。社会で暮らすためのルールを伝えます。

してよいこと悪いこと

危険を想定する

プールでは、溺れる危険もあります。走らない、友達を押したり倒したりしないなどのルールを伝えます。

してよいこと悪いこと

加湿器に触らないマーク

子どもが触れてはいけないものには、赤のバツ印を付けます。見て分かるようにしておきます。

友達と折り合いを付ける

貸し借りできる状況をつくる

「貸して」と言われても、貸したくない場合もあります。お互いの気持ちを受け止めて、どうするか見守りながら必要な援助をします。

きまりの必要性

待つ場所にテープの目印

ソーシャルディスタンスをとって並ぶため、足元にテープを貼ります。自分と周りの人の健康を守ります。

相手を思いやる

友達に絵本をゆずる

読みたい絵本を先に友達にゆずった子どもに、相手の気持ちを思いやったことへの認める言葉をかけます。

社会生活との関わり

地域の人と出会ったり、行事に参加したりする機会をつくります。また家族への思いも、ふくらませます。

人の役に立つ喜び

年下の子と散歩へ

自分は車道側に立ち、年下の子を守ります。保育者は常に車の往来に注意を払います。

情報を取り入れる

消防の人の話を聞く

避難訓練の際に消防の人を招き、災害時の話や消防車を間近に見るなど、防災への意識を高めます。

家族を大切に

運動会の親子競技

大好きな保護者におんぶしてもらうことで、家族への思いもふくらみます。そのような種目を用意します。

地域の人や行事に触れる

節分の行事を楽しむ

鬼に向かって豆をまき邪気を払うことを伝えます。日本古来の行事に親しみ、文化に触れられるようにします。

地域の人や行事に触れる

地域の人と太鼓をたたく

夏祭りに向けて、地元のたたき手に来てもらい、やり方を教わる機会をもちます。地域の祭りに興味をもてるようにします。

人の役に立つ喜び

大掃除をする

保育室も共有スペースも、自分達の力でできるところは、みんなで掃除することを伝えます。

社会とのつながりを知る

動物園を知る

近隣の動物園へ出かけ、多くの珍しい動物に出会います。世話をする飼育員の動きにも注目できるようにします。

地域の人や行事に触れる

地域を探索する

お泊まり会で地域を探索し、多くのポイントを見つけました。賞状をもらうことで喜びと共に、地域のよさも記憶に残ります。

社会とのつながりを知る

栄養士さんから トウモロコシの話を聞く

トウモロコシを触りながら、栄養士から栄養や調理の仕方などの話を聞きます。みんなの健康を守ってくれる、栄養士の存在に気付きます。

家族を大切に

ファミリーデーには パパコーナーを

ファミリーデーには、家族みんなが園に来て遊べるようにします。パパコーナーの「力比べ」もおすすめ。

思考力の芽生え

いろいろなものに触れたり、見たりするうちに「不思議だな」「どうなっているの？」と疑問をもち考える場をつくります。

予想したり工夫したりする

多様な見立てができる素材を準備

毛糸・スポンジ・ボンボンなどの素材は、ご飯に見立てるなど工夫して使える素材なので考える力が育ちます。

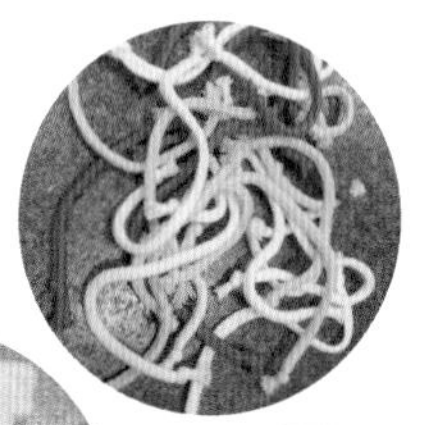

自分とは違う考えに気付く

ペットボトルに入れる方法

ボウルからペットボトルへ色水を入れるとこぼれますが、じょうごを使う方法を友達から学べるようにします。

物の性質・仕組みに気付く

光の透過に気付く

製作等でセロファンを出した際には、光の透過に気付けるような声をかけます。

物の性質・仕組みに気付く

水の流れる力を知る

といに水を流すと、置いてあったビー玉も水の勢いで押し流されました。こうした遊びをする経験を増やします。

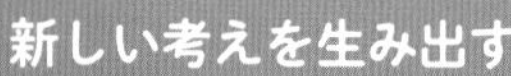

新しい考えを生み出す

シュレッダーの紙を焼きそばに

身近にあるものを遊びに生かします。工夫しながらものと積極的に関われるよう、環境を用意します。

予想したり工夫したりする

テープ類、接着剤を自分で選ぶ

ペットボトルの口にセロファンを付けるには、何でとめたらよいのか試行錯誤を繰り返せるように道具を準備します。

予想したり工夫したりする

オリジナルリースをつくるには

木の枝やつるを曲げてリースをつくります。どのように束ねて形づくればよいか、様子を見ながら保育者が導きます。

自分とは違う考えに気付く

多様な容器があることで

友達が別の容器を選んでラーメンをつくったことを、「その人らしいやり方」だと、そのよさを知らせます。

予想したり工夫したりする

転がり出てくるはず！

長い筒をつなげて、坂道トンネルのできあがり。傾斜の付け方を工夫できるようにします。

物の性質・仕組みに気付く

考えを促すおもちゃ

玉が転がるおもちゃ。下まで転がるように組み立てます。穴から落ちるとどこへいくのか見届けて考えられるようにします。

自然との関わり・生命尊重

動植物を見たり触れたりする場面では、四季の変化にも気付けるよう働きかけましょう。

自然の変化に気付く

エダマメの収穫

育ててきたエダマメが、さやの中でぷっくり膨らみました。夏の野菜だと気付けるような声をかけます。

生命を尊重する

カブトムシに触る

本物のカブトムシの動きや体の仕組みを見て、親しみをもちます。乱暴に扱うと死んでしまうことも伝えます。

自然に関心をよせる

園でとれた野菜を展示する

育てた野菜は触ったり、香りをかいだりできるよう、みんなが通る場所に集めて置きます。

生命を尊重する

メダカをお墓に埋める

飼っていたメダカが死んだ際には、子どもと一緒にお墓をつくり生き物の死を伝えます。

自然の変化に気付く

ミカンがなった

寒くなるとミカンが色付きます。保育者と一緒にミカンの収穫を手伝い、冬を実感できるようにします。

自然に関心をよせる

トウモロコシの実をはずす

トウモロコシの皮をむき、もじゃもじゃひげを取ると粒がきれいに並んでいる様子を見せます。

自然に関心をよせる

お米が出来るまでを知る

稲穂が実りました。穂から籾(もみ)をはずします。毎日食べている米が出来る過程を伝えます。

自然に関心をよせる

マイ ドングリボトル

ドングリを拾いマイボトルに入れて、大事にしています。植えると木になることも伝えます。

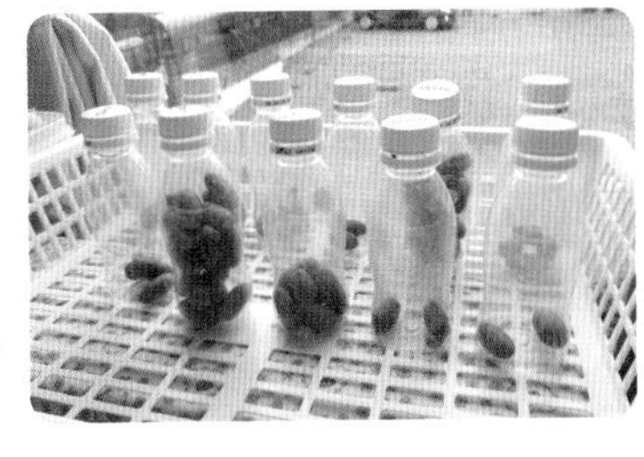

自然に関心をよせる

焼きいも大会の準備

土の付いたサツマイモを洗うと、鮮やかな赤紫色が現れます。形もさまざま。自然の造形を五感で味わえるようにします。

自然に関心をよせる

松ボックリのツリー飾り

拾った松ボックリでクリスマスツリー。てっぺんにボンボンを付けられるよう材料を用意しておきます。

動植物を大切に

ヤギと出会う

生きて動く本物のヤギを間近に見て、人と共に暮らしてきたことを知るチャンスをつくります。

数量や図形、標識や文字などへの関心・感覚

生活の中で丸いもの、長いもの、カレンダーの数字や文字などと自然に出会えるよう環境を整えます。

文字

かるた遊びで言葉を広げる

言葉とそれを書き表す文字に親しみます。読み札も子どもに渡し、読むことへの興味を引き出します。

文字

看板で伝わるよさ

みんなに知らせたいことは、書いて掲示することで伝わります。文字が便利なものと実感できるようにします。

ここを渡るの！

標識の役割

横断歩道の標識

散歩で横断歩道の標識があった際には、横断歩道の正しい渡り方を伝えます。

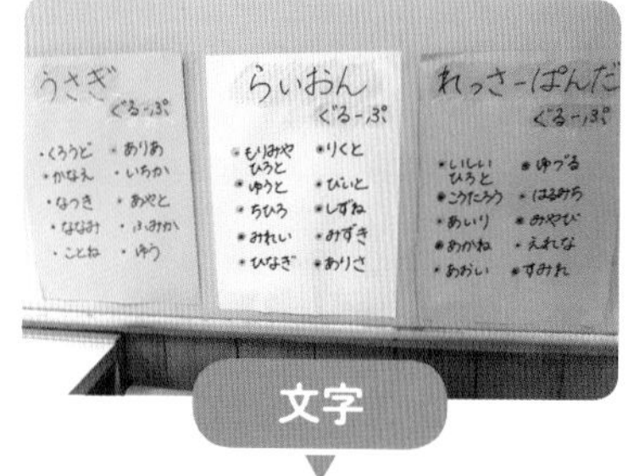

文字

グループのメンバー表

自分の名前を見つけると、グループの一員である自覚が生まれ、また仲間意識を育むことにもつながります。見えるところに掲示します

文字

毛筆を体験する

筆に墨をつけて文字を書く初めての経験。姿勢を正して文字と向き合う活動を、心得のある保育者が支えます。

数量や大小

数と数字を対応させる遊び

木製のそろばんの玉を数え、数字と同じにする遊びです。どちらが多いかという数の遊びにも導きます。

文字

給食のメニューを書く

字を書きたい子どもが、自由にメニューを見て書きます。友達と確かめながら進めるのを見守ります。

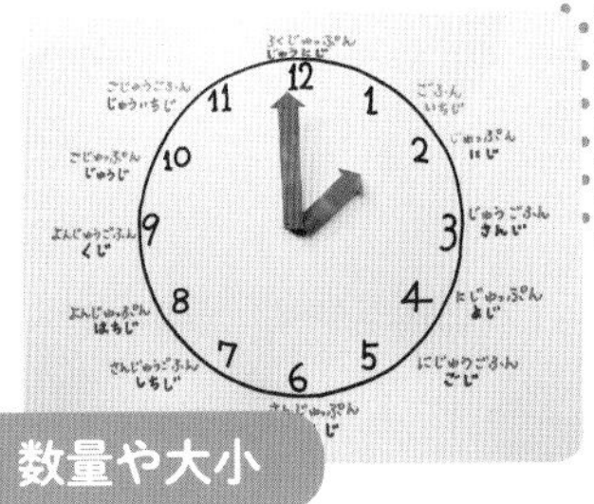

数量や大小

時計の読み方を知らせる

それぞれの数字で短針は緑色で○時を表し、長針は赤色で○分を示すことを掲示しておきます。

数量や大小

チューリップの球根を配る

これから植える球根の数を数え、一人につき何個ずつ植えれば同じ数になるか、考えながら配れるようにします。

文字

あいうえお表の箱

五十音順に親しめるよう、目につくところに置きます。絵カードを頭文字で分類して入れることもできます。

図形

オセロゲームに取り組む

四角いマス目の中に丸いコマを打ち合います。両端をはさめば自分の色にできるゲームから縦・横・斜めの見方を育てます。

10の姿を育む保育環境

言葉による伝え合い

読み聞かせの後に、物語の世界に思いをはせたり、その気持ちを言葉で伝えたりできるような環境をつくります。

考えたことを伝える

グループで意見を出し合う

自分の考えをグループのメンバーに伝え、グループとしても意見を調整する機会をつくります。

絵本に親しむ

いつでも見られる絵本コーナー

読みたい本がいつでも手に取れるコーナーです。季節や子どもの興味によって、並べ替えます。

絵本に親しむ

絵本が読める手づくりベンチ

絵本を選んだ子どもが落ち着いて見られるよう、近くにベンチを置きます。

豊かな表現・言葉の楽しさ

お店屋さんごっこでのやりとり

「これください」「はい、どうぞ」など必要な言葉のやり取りを促します。お店屋さんになった気分も味わいます。

豊かな表現・言葉の楽しさ

プレゼントに「ありがとう」

子どもから葉っぱのプレゼント。「きれいな色だね、ありがとう」その場に応じた言葉を率先して使って聞かせます。

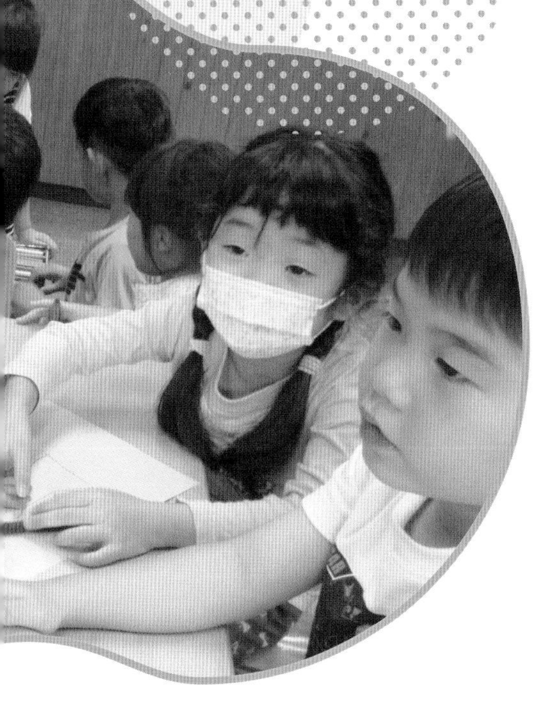

聞いたり伝えたり

劇遊びを発表する

仲間とつくり上げた劇を動きやセリフで伝えたり、他のクラスの劇をワクワクして見たりして、伝え合うよさを感じられるようにします。

考えたことを伝える

おしゃべりしながら遊ぶ

遊びを共有する仲間と、思ったこと考えたことを自由に伝えられるような雰囲気をつくります。

豊かな表現・言葉の楽しさ

ジェスチャーで言葉を引き出す

子どもがイメージできるよう振りをつけ、鳥が羽ばたく擬音を引き出します。

絵本に親しむ

物語の世界に入れるように

クリスマスの絵本を読む際は、保育者も子どももサンタスタイル。よりクリスマス気分が味わえます。

考えたことを伝える

自分の考えたセリフで語る

ブラックパネルシアターを演じ終え、みんなに伝えたいことを自分の言葉で語れる場をつくります。

豊かな感性と表現

自分の感じたことを表現できるような素材や道具を整えます。感動する経験も味わえるようにしましょう。

表現方法を知る

自分なりの鬼のお面をかぶる

節分のための鬼のお面は、様々な表現方法の中から選んでつくれるようにします。

表現方法を知る

素材に合った画材を選ぶ

段ボールでつくった本体に、絵の具で丁寧に色付けします。クレヨンやペンよりふさわしい画材だと感じています。

感情を味わう

プロの芝居を観る

質の高い劇を観ることで、子どもは臨場感を味わいます。憧れややってみたい思いを引き出します。

感じたことを表現

さまざまな素材・用具の準備

自分の表現したいものが形となるよう、材料や画材、接着剤なども多様に準備し選べるようにします。

表現方法を知る

使うものはかごにまとめて

共有のテープ類は、専用のかごにはさみと共に収納。使いたいときにすぐに出して使うことができます。

友達と表現する

カーペットで遊びの世界観を

みんなで集まる場所にカーペットを敷くと、特別な雰囲気になります。手遊びをしながら楽しい世界に導きます。

Q1

0・1・2歳児にも
「10の姿」はありますか？

A 「10の姿」の芽はありますが、無理にこじつけなくてOK

0・1・2歳児にも「10の姿」の芽はあります。たとえば「健康な心と体」や「自立心」は、ごく幼いときから育まれます。日々の散歩で「社会生活との関わり」や「自然との関わり・生命尊重」を経験することもあります。1歳児後半からは「言葉による伝え合い」の芽も見えてきます。ただし、無理をして個々の活動を「10の姿」にむすびつける必要はありません。0歳児は「3つの視点」、1・2歳児は「1歳以上3歳未満児の5領域」を併用して考えたほうが分かりやすく、活動計画なども立てやすいでしょう。

Q2

友達とやりとりしている子どもの姿。「協同性」「言葉による伝え合い」等、保育者によって捉え方が違います。これでいいのでしょうか？

A 園内研修などでそれぞれの捉え方を伝え合い、話し合って

「10の姿」には、複数の項目で重なる要素も多くあります。ですから保育者によって、捉え方に違いがあっても当然です。まずは、保育者が個々に捉えた項目で記録を書きましょう。そしてそれを担当年齢のチームや園内研修などで読み合い、話し合ってください。

質問にある「協同性」でいえば、「このやり取りって協同性といえる？」「そこまでいっていない気がする」「ただ思いを言葉にして伝えただけだよね」「なるほど、そうかも…」と話し合う中で、次第に「協同性」の捉え方が明確になっていきます。

「10の姿」の捉え方は園の方針や文化によっても少しずつ異なりますが、各園でそのような話し合いや研修を続けることこそが重要なのです。

Q3

元気いっぱいに遊んでいる子どもには、「健康な心と体」の育ちがあるといっていいのでしょうか？

A 一つだけに決めつけず、そこで育っているものを分析的に見取るように

園庭で体を動かして元気いっぱいに遊ぶ子どもは、確かに「健康な心と体」が育っているといえます。ただ、子どもの様子をよく観察すると、それだけではない場合も少なくないでしょう。

外遊びをおもしろくするために友達とアイデアを出し合っているなら「言葉による伝え合い」や「協同性」が育っているともいえますし、みんなが楽しめるルールを考えているのであれば「思考力の芽生え」や「道徳性・規範意識の芽生え」を伸ばす活動と捉えられます。

外遊び＝「健康な心と体」というように単純に一つの項目に決めてしまうのではなく、そこで子どもに育っているものを多面的・分析的に捉える習慣を身に付けましょう。

Q4

発達がゆっくりな子どもがいます。「10の姿」がまだ見えにくいのですが…。

A ゆっくりでもOK。スモールステップをつくって援助しよう

「10の姿」は、標準的な発達の5歳児の卒園前の姿です。発達がゆっくりな子どもが、いつも「10の姿」に照らされ「まだできない」「この姿になっていない」という目で見られたら辛いでしょうし、保育者も苦しくなります。子どもの発達には、そもそも個人差があるものです。発達障害などがあり、昨年は言葉がまったく出なかった子が、今年は「あー、うー」という発声で意思を示すようになったのであれば、それは立派な成長です。発達はゆっくりでもいいので、「10の姿」に示された方向に少しずつでも近づけるよう、その子のスモールステップを設定し支えていきましょう。

ここが知りたい！

10の姿 Q&A

Q5

「社会生活との関わり」を育みたいのですが、このコロナ禍で地域の人との関わりが困難です。園内でできることはありますか？

A 手紙や動画を活用する、ゲストとして来てもらうなど、工夫をすればできることはいろいろとあります

確かに、今までと同じように集団で移動して、地域の公共施設を訪ねるような地域交流は難しいかもしれません。けれども感染防止をしながらできることも、きっとあるはずです。

たとえば、例年は警察署や消防署に見学に行く園なら、子どもが「いつもお仕事ありがとう」というような絵手紙を書いたり、動画をつくったりして気持ちを伝える方法もあります。また少人数の地域の方にゲストとして来園してもらい、お話をうかがうこともできます。

ほかにも、園の内部の人から地域や社会を学ぶこともできるでしょう。給食室に野菜を届ける八百屋さんなど、出入りの業者の方に少し時間をもらい、「今日はどんなものを届けてくださいましたか」と、話を聞くのも社会を知る活動になります。園の保護者にも看護師や弁護士などいろいろな職業の人がいますから、保護者に仕事を語ってもらうのも一つの方法です。それぞれの園の環境で、できることを楽しく工夫してみてください。

Q6

保護者に「10の姿」を伝えたいのですが、いつの時点でどういえばいいでしょうか？

A 子どもの育ちが見えた際に、嬉しい姿の報告として「10の姿」に触れるといいでしょう

園の方針によって、5 歳児のクラス懇談会などで保護者に「10の姿」を伝える園もあるかもしれません。ただ保護者からは到達目標のように見え、わが子ができていないことに不安や焦りを感じがちなので、無理に説明しなくても構いません。保育者から伝えるなら、その子の育ちが見えた際に、「今日は友達とこのようなやり取りをしていました。これは『10の姿』のこの育ちです」と、一緒に成長を喜ぶために触れるといいですね。

Q7

クラス全体の「思考力の芽生え」が、少ないように感じます。保育者の環境構成が十分でなかったのでしょうか？　環境と「10の姿」について教えてください。

A 指示が多すぎると、思考力が育ちにくくなります。子どもが自分で考えられるよう、援助をしましょう

保育者の環境構成が十分でなかった可能性はあります。さらに注目したいのは、思考力が育つような状況づくりをしてきたか、という点です。保育者が決めて指示をするばかりだと、どうしても子どもの思考力は育ちにくくなります。「やらせる」「命令して従わせる」という状況が多いなら、それを見直す必要があります。

そのうえで、子どもが自分で考えようとする姿勢を育みましょう。「どうしてかな？」「考えたら先生に教えてね」と、考えざるを得ない状況をつくるほか、個々の考えを聞いて「それから？」「他にも考えられる？」と声をかけて促すのもいいでしょう。考えを板書したり図示したりして視覚化することも、思考の助けになります。「自分で考えることはすばらしいこと、価値があること」と感じられる援助を続けましょう。

＼ここが知りたい！／
10の姿 Q&A

Q8

「思考力の芽生え」を育てたいからといって色水遊びをして「2つの色を混ぜてみよう」とか、「自然との関わり」を育てるために「どんな花びらかな、匂いも嗅ごう」とか、保育者が意図して活動するのは、子ども自らの主体性ではないからダメですか？

A 意図をもって保育をするのは大切ですが、直接的な指示にならないよう、気を付けて

保育者が「2つの色水を混ぜて、色が変化することに気付かせたい」という意図をもって保育をするのは、適切です。ただし、直接的に指示をするのはＮＧです。子どもはやらされているだけで、受け身な活動になってしまうからです。

色水を混ぜたくなるような、花の匂いを嗅ぎたくなるような環境をつくり、待ちましょう。そこで「あら、色水をこぼしたら色が変わったみたい」とか、「先生のうちに花がいっぱい咲いていて、顔を近づけたらとても甘くていい匂いがした」など、指示ではない、さりげない一言を添えましょう。また「どうしてかな？」「こうしたらどうなるかな？」などとつぶやくのもいいでしょう。子どもが自ら主体的に動けるよう、作戦を練ってください。

そして、子どもが自分から動いた場合は「やってみようと思ったんだね」「自分で試してみたんだね」と、主体的な姿勢をすかさず笑顔で認めましょう。

第4章
「10の姿」要録・文例集

特に5歳児の要録で意識することは「10の姿」の視点です。この章では、文章の書き方や「10の姿」の捉え方、便利な要録の文例を豊富に掲載しています。

要録を作成する目的

子どもの育ちを伝える

園生活でどのように育ち、どんな経験をしてきたかを記入することで、その子どもの成長を捉え、幼児教育での学びを伝えることができます。

小学校への引き継ぎ資料

園でも重要視してきた「育みたい資質・能力」は、小学校でも継続されます。その子にとって今後どのような指導を行えばいいのか、考える材料になります。

保育の自己評価

保育者の意図した環境や援助が、子どもにどう影響を与えたのか、自分の援助のよさや改善点などを振り返ります。

ここは押さえたい 要録 記入のポイント

5歳児クラスの年度末に作成する指導要録は、園での成長を小学校へと引き継ぐ貴重な資料です。「10の姿」の方向へと育ちつつある子どもの様子やその過程を、的確に記しましょう。

「10の姿」で子どもの成長を捉える

平成30年度から、指導要録（保育要録）の様式が変わりました。特に、5歳児（最終学年）の指導要録は「指導に関する記録」と合わせて「最終学年の指導に関する記録」が加わり、そこに「幼児期の終わりまでに育ってほしい姿（10の姿）」が盛り込まれています。「10の姿」を活用することで、園生活で子どもに育ちつつある資質・能力を捉え、小学校へと引き継ぐことが重視されているためです。

ただし、指導要録は「その子の何ができて、何ができないかを評価するもの」ではありません。保育者が自分の保育を検証するとともに、園で子どもがどのような経験をし、どのような育ちにつながっているかを記載するのが指導要録です。つまり保育者の指導や援助、関わり、願いなどとともに、子どもの育ったところや伸びたところを事実として記入する“カルテ”のようなものと考えるといいでしょう。

子どもの姿と保育者の関わりを楽しく書く

5 歳児の指導要録を書く際は、小学校の教員が読むからと気負いすぎず、楽しく書いてください。保育者のねらいに基づく子どもへの関わりには成功も失敗もありますが、紆余曲折の中に成長の節目があり、子どもが変容します。そのような指導の過程を子どもの姿が目に浮かぶように記しましょう。また卒園前には様々なきっかけで子どもが主体的・自発的にぐんと育つ場面があります。それを丁寧に読み取り、書き込んでください。

POINT 1 長所ではなく伸びた点を書く

子どもの長所を並べるのではなく、どのような経験からどのような成長があったのかを伝えます。

✕ NG例

いつも元気でやる気がある。歌が得意で大きな声で歌える。

○ GOOD例

歌が好きで、発表会では指揮者に立候補し、客席から拍手をもらって、自信を深めた。

POINT 2 短所と思われる面も発達の過程と捉えよう

マイナスな面と見るのではなく、成長過程と捉えて次の援助につなげるよう記入します。

✕ NG例

落着きがなく、人の話を最後まで聞けない。

○ GOOD例

話の途中で離席することがあったが、保育者が目で語りかけると、3学期には最後まで話を聞けるようになった。

POINT 3 他の子と比較せず、その子なりの育ちを見る

同年齢の子どもや平均と比較せず、その子の成長段階として捉えて書きましょう。

✕ NG例

他の子どもと比べて、ひとりで遊んでいることが多い。

○ GOOD例

ひとりでの遊びが多いので、友達と遊ぶ楽しさを経験できるよう誘う援助をした。今後も視野を広げられる援助が必要である。

POINT 4 姿がイメージできるよう具体的に書く

子どもの活動がイメージできるよう、エピソードは目に浮かぶように書きましょう。

✕ NG例

自分から積極的に遊びに関わる姿が見られる。

○ GOOD例

フィンガーペイントに興味をもって取り組み、自分から「この色混ぜてみる？」と積極的に友達に働きかけた。

POINT 5 保育者主体の「〜させる」を使わない

「〜させる」は保育者中心の印象を与えます。子ども自身の行動が伝わるように書きます。

✕ NG例

片付けようとしなかったので、手に持たせて片付けさせた。

○ GOOD例

片付けに時間がかかっていたので、どこにしまうかを尋ねた。すると自分から進んで片付けるようになった。

POINT 6 「〜してくれる」「〜してもらう」を使わない

「〜してくれる、〜してもらう」も、保育者が主体です。子ども主体の表現で書きます。

✕ NG例

お店屋さんごっこの後、ごみが床に落ちていたので掃除してくれた。

○ GOOD例

お店屋さんごっこの後、床に落ちたごみを拾ったり進んでほうきで掃いたり、率先して片付けた。

要録 「10の姿」の視点で を書いてみよう

指導要録を作成する際には、まず１年間の育ちを確認します。
そのうえで、「10の姿」の視点で照らし合わせましょう。

1年間の援助から子どもの育ちを振り返る

適切な援助ね

夏祭りで、カレーを盛り付けていたときに、
「友達もやりたそうだよ」と仲介したら、
考えて代わってくれました。そして盛り付けも教えてたな

やらせて

いいよ
お皿はね
……

あの時のかえでちゃん、
やさしかったな

上手だね

そのかえでちゃんの姿を
書けばいいの

冬にはグループで
紙芝居を作ったん
ですが

その時も友達の意見も聞きつつ、
かえでちゃんがまとめていました

花が大きく
咲いた後、
どうする？

実から何か
出てくるのは？

きっと実も
大きいよね

そこも大きな変容ね、
取り上げましょう

ハイ

なるほど
変容を捉えるのですね！

そうそう

「10の姿」の視点で書く

よし、じゃあ
取りかかろう
「10の姿」の
視点を
忘れないで
そうですよね、
カレー屋さんの
友達にゆずったり
教えたりは、
「道徳性・規範意識」
かな？
どうぞ
そうね、
「友達を思いやる・
折り合いを付ける」
まさにそこね
やったー
じゃあ、紙芝居は
「友達と力を合わせた」
から、「協同性」だ
できたー
「話し合って一緒に作りあげる」まさに
「協同性」の姿そのものね
どうしよう？
10項目全部は、ない!?
いいのよ
特によく育ったところや、
小学生でも伸ばしてほしいことを書けばいいの
なるほど
よく分かりました
もう
大丈夫ね

よく
伝わるわ

大木かえで
（5歳児）
要録

なるほど〜

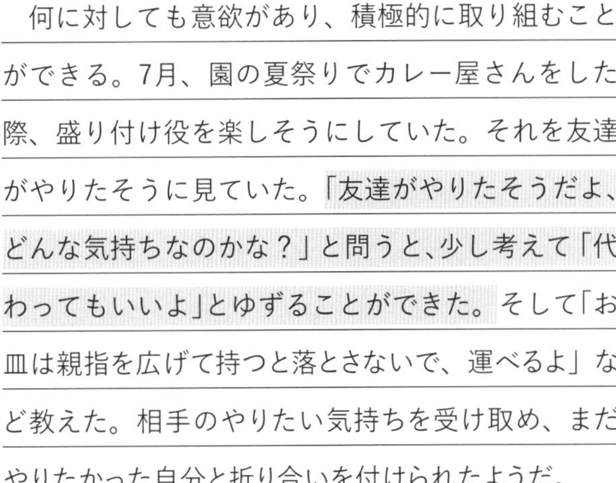

何に対しても意欲があり、積極的に取り組むことができる。7月、園の夏祭りでカレー屋さんをした際、盛り付け役を楽しそうにしていた。それを友達がやりたそうに見ていた。「友達がやりたそうだよ、どんな気持ちなのかな？」と問うと、少し考えて「代わってもいいよ」とゆずることができた。そして「お皿は親指を広げて持つと落とさないで、運べるよ」など教えた。相手のやりたい気持ちを受け取め、まだやりたかった自分と折り合いを付けられたようだ。

道徳性・規範意識の芽生え

12月の紙芝居作りでは、友達の思いや考えにも耳を傾け、ひとつの紙芝居を作り上げた。3、4歳児に見せたいという共通の目的をもち、友達と相談しながら楽しく活動した。

協同性

ひな祭りには、昔の着物や持ち物に興味をもち、絵本などで刀や十二単を調べながら、細かな絵を描いた。色も丁寧に塗り、時間はかかったが最後までやり遂げた。

豊かな感性と表現

子どものこの姿はどれに対応？

「10の姿」早見表

子どものどのような姿が、どの「１０の姿」に対応するのでしょうか。
実際の子どもの姿を表す文と対応させました。

10の姿	子どもの姿
 健康な心と体	●友達と園庭で、思い切りドッジボールを楽しむ。 ●昼食前には、丁寧に手を洗う。 ●登園したら、カバンや帽子を自分でロッカーにしまう。 ●「いただきます」の挨拶をして、楽しく食事をする。
 自立心	●当番のウサギの世話では、飼育小屋の掃除を熱心に行った。 ●どうしたら固い泥団子を作れるか、試行錯誤を重ねた。 ●一輪車に毎日取り組み、乗れるようになった。 ●板積み木を最後の一つまで積み上げることができて、満足感を味わった。
 協同性	●絵本のおもしろかったところを、友達と話し合い発表する。 ●友達と話し合いながら、おみこしの飾りを作った。 ●仲間と力を合わせて、水族館づくりに取り組んだ。 ●友達の得意なことを知り、役割分担して遊びを進めた。
 道徳性・規範意識の芽生え	●友達が泣いていた際、そばに寄り添ってなぐさめた。 ●友達の作品を壊したことに気付き、自分から謝りにいった。 ●出しっぱなしの水道のじゃ口を進んで閉めた。 ●おばけ屋敷の入場がスムーズに進むよう、並んで待つことができた。

10の姿	子どもの姿
 社会生活との関わり	●夏祭りの盆踊りで、地域の人と一緒に楽しく踊った。 ●散歩の際、町内の人に「こんにちは」と挨拶をした。 ●図書館で世界の国ぐにの国旗を調べた。 ●高齢者施設への訪問で、披露する歌に振り付けを考えた。
 思考力の芽生え	●磁石には、くっつくものとくっつかないものがあることに気付く。 ●看板をどこに置けばみんなに見てもらえるか、試行錯誤した。 ●仲間の提案に「こんな方法もあるんだ」と納得した。 ●何で貼ればいいのかと考え、テープの貼り方を工夫した。
 自然との関わり・生命尊重	●雨の日に、植物に付いたしずくをじっと観察した。 ●紅葉した木を見て「どうしてかな」と疑問をもった。 ●自分たちが植えたトマトの実を、嬉しそうに収穫した。 ●飼っていた金魚が死んだ際、二度と生き返ることはないと知る。
 数量や図形、標識や文字などへの関心・感覚	●掘ったイモを、大きい順に並べた。 ●積み木を組み合わせて、大きな三角形を作ることを喜ぶ。 ●自分のマークがある場所に、タオルをかけた。 ●かるた遊びで、読める文字を声に出して楽しむ。
 言葉による伝え合い	●読み聞かせの後、感動してもう一度絵を味わった。 ●お話の中の「ゴロン、ゴロン」が楽しくて、何度も言って友達と笑い合った。 ●作り方を問われると、嬉しそうに話していた。 ●分からないことがあると、納得するまで保育者に質問する。
 豊かな感性と表現	●虹を見て感動し、そのイメージを色を塗って表現した。 ●透明感のある水の様子を、セロファンを使って表した。 ●魔法のつえを作り、リボンを使ってひらひら動かすことを楽しんだ。 ●好きな楽器を選んで、仲間とリズミカルに表現した。

10の姿 文例集

健康な心と体

キーセンテンス 1
自分のやりたいことに取り組み、充実感を得る

キーセンテンス 2
先の見通しをもって行動する

キーセンテンス 3
安全・健康について知る、学ぶ

キーセンテンス 4
基本的な生活習慣を身に付ける

歯磨きを丁寧に

健康 **自立** 協同 規範 社会 思考 自然 数字 言葉 感性

歯が抜け始め、大人の歯が顔をのぞかせていることが嬉しくて、**食後の歯磨きを丁寧にする**ようになった。歯の裏も、歯ブラシを鉛筆持ちに持ちかえて磨き、**ときどき鏡に映してチェックしている。**

自分の変化に気付き、歯を大切にしています。しなければならないことに主体的に取り組みます。

よくかんで食事を楽しむ

健康 自立 協同 規範 社会 思考 自然 数字 言葉 感性

1番に食べ終わりたいため、かまずに飲み込んでしまうことがあるので、よくかまないとおなかが痛くなることを伝えた。次第に箸のスピードをゆるめて友達の話に加わり、**楽しく食事をする**ようになった。

よくかむ大切さを知ると同時に、楽しく話しながら食事ができるようになりました。

逆上がりに挑戦

健康 **自立** 協同 規範 社会 思考 自然 数字 言葉 感性

逆上がりができる友達をうらやましそうに見ていたが、**補助板を出すと自分も挑戦し始めた。**けり上げた足が、段々高くなっていることを自ら感じ取り、**3学期にはついにできるようになり、自信を深めた。**

やってみようとする気持ちを大切にし、認める援助をしたことが、やればできると思うことにつながりました。

体を十分に働かせる

健康 自立 **協同** 規範 社会 思考 自然 数字 言葉 感性

エンドレスリレーに意欲的に取り組んだ。走者の足りないチームに進んで入り、友達の走りを「その調子！」と楽しそうに応援した。自分も汗をたくさんかきながら力いっぱい走り、充実感を感じていた。

生き生きとリレーで走る様子が伝わります。自分だけでなく、友達とともに走る喜びも感じています。

見通しをもって行動する

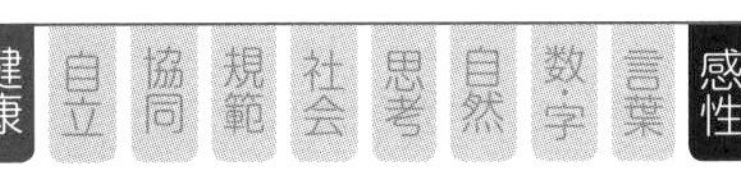

秋の遠足の2日前、それまでサッカーに熱中していたが、**カレンダーを見て「そろそろ、ドングリを入れる袋を作らなくちゃ」と取り組み始めた**。翌日には**サッカーボールのイラスト入りの袋**ができあがった。

好きな遊びに取り組みながらも、生活には見通しをもち、遠足に行くことを踏まえての行動ができました。

ケガをしない安全な生活

友達がいすの脚にひざをぶつけ、青アザをこしらえたのを見て、**正しいいすの持ち方や座り方を心がけるようになった。**自分もまわりの人もケガをしないように注意している。

友達の失敗を見て学び、自分も周りにいる人も、いすの脚に気を付けながら、意識して生活しています。

生活習慣の自立

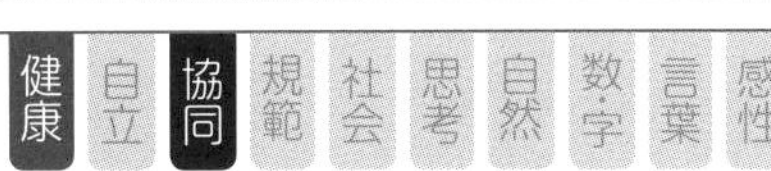

園生活において毎日しなければならないことを理解し、**朝の活動や降園の支度を手早くする**ことができる。**準備が遅い人のタオルや忘れている帽子などを、友達に届ける姿**にやさしさを感じる。

園の生活を快適にするための手順を心得ており、一連の流れが身についている様子が伺えます。

身の回りの整理

健康 自立 協同 規範 社会 思考 自然 数・字 言葉 感性

整理棚の中のクレヨンやはさみ、のりなどをいつもきちんと整頓し、使いやすくなっている。はさみの向きなども決めており、いつでも取り出しやすく準備も早い。

製作に必要な物が整理棚にどのような形でしまってあるかを把握し、使いこなしています。

「逃げ名人」に充実感

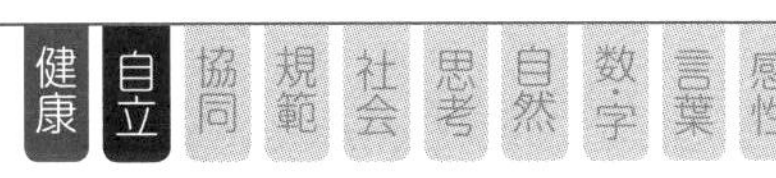

ドッジボールが好きで、友達を誘いボールを持って園庭へ走る。ボールを当てることより当たらないように**逃げ回ることに喜びを感じ、スリルを十分に味わう。**「逃げ名人」と呼ばれてみんなから一目おかれる。

自分のやりたいことができる状況を自分でつくり、逃げ回ることで充実感を味わっています。

3歳児をお客さんに！

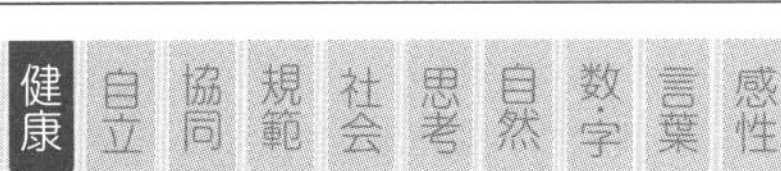

お店屋さんごっこに年下の3、4歳児を呼びたいと考え「さーびすけん」を友達とつくり、保育室へ誘いに行った。**3歳児がお客としてくると、大喜びでやさしく対応し**、料理を運んで充実感を味わった。

クラスでの遊びをさらに広げ、年下の子どもも楽しませたいという願いを実現しました。

残り時間を意識して

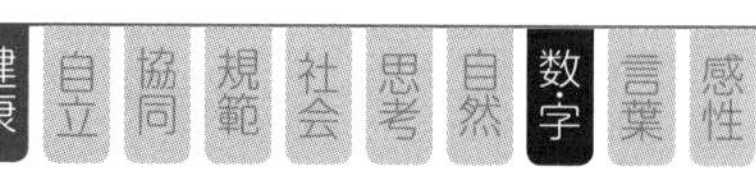

長い針が2になったら片付けて集まることを知り、「じゃあ、**お客さんはあと3人ね**」と言い人間すごろくのゲームを取りしきる。お客さんが満足してゲームを終われるよう、配慮できた。

並んで待っていてもゲームができない人がいることを見通し、お客さんや仲間に知らせています。

足りないと見通したら

健康 自立 協同 規範 社会 思考 自然 **数字** 言葉 感性

看板の回りにお花紙で折った花を飾ったが、**赤い紙だけでは足りないことに気付いた。**じっと見ていると、**ピンクの花を一つ置きに貼れば足りることを発見**して、みんなでやり遂げた。

看板の回りを囲むのに必要な紙の量を目算し、方針を変えて違う色の紙も使うことを決断しました。

顔は触らない！

健康 自立 協同 規範 社会 思考 自然 数字 言葉 感性

コロナウイルスにかからないよう、**顔を指で触らないことに気を付けた。**顔がかゆくなると、肩でこすったり、ハンカチを使ったりと工夫し、友達にもやり方を得意気に教えた。

コロナウイルス対策を肝に銘じ、自分なりに健康に気を付けて行動していることが伝わります。

首より上は危ない

健康 自立 協同 **規範** 社会 思考 自然 数字 言葉 感性

積み木を積む際に、高くしすぎると頭に**落ちてきて危険だと話し合ったことをよく覚えていて**、友達が高く積みそうになると、**「首より上は危ないよ」と注意していた。**

生活の中で危険な場面をつくらないよう考えながら行動しています。友達にも伝えて共有します。

スリッパを揃える

健康 自立 協同 規範 社会 思考 自然 数字 言葉 感性

トイレのスリッパが乱れていると、自分が履いたものでなくても揃え、**後から来た人が気持ちよく使えるようにと考えることが身に付いている。**「ありがとう」と言われると嬉しそうにしている。

共同の場で、みんなが気持ちよく暮らすためのルールをわきまえ、人のために行動しています。

気持ちのよい挨拶

健康 自立 協同 規範 社会 思考 自然 数字 言葉 感性

朝、出会った人みんなに**大きな声で「おはようございます」と挨拶できる。**笑顔で目を合わせて言うので、相手にすがすがしい印象を与えている。

1日の始まりをさわやかにスタートさせられるのは、格別な生活習慣といえるでしょう。

10の姿 文例集

自立心

キーセンテンス 1
すべきことを自分から行う

キーセンテンス 2
自分で考えたり、工夫したりする

キーセンテンス 3
最後まで物事をやり遂げようとする

キーセンテンス 4
やり遂げたことで達成感・満足感を得る

動物の世話係としての自覚

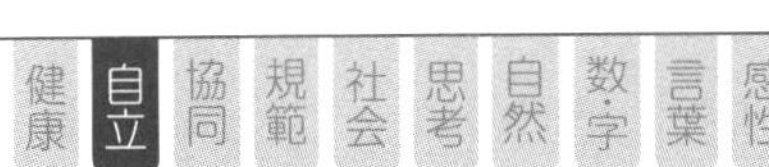

早く遊びたいために、ニワトリの世話が雑になることがあったので、汚れが残っているとニワトリが病気になる危険があると伝えると、丁寧に世話するようになった。**その後は、生き物の世話が熱心になった。**

自分が責任をもって世話をしないと動物が病気になると知り、丁寧に世話をするようになりました。

しなければならないことを自覚

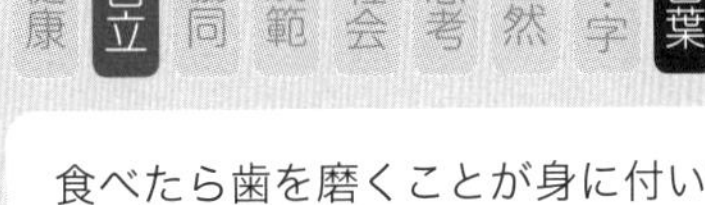

昼食後、友達に「早くサッカーをやろう」と誘われても、**「歯磨きをしてからでないと行けない」と告げた。**そして、**しっかりと歯磨きをやり終えてから園庭へ向かった。**

食べたら歯を磨くことが身に付いています。サッカーをしたくても友達にきちんと言葉で告げています。

遊び道具の仕掛けを工夫する

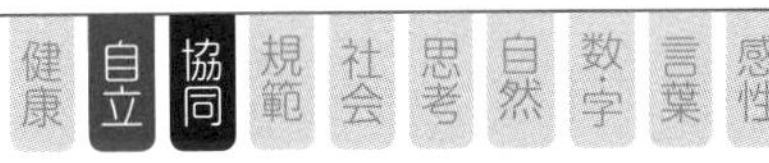

劇遊びで忍者になりきって、友達と忍者らしい身のこなしを楽しんだ。また**忍者屋敷の壁がくるりと反対向きになる仕掛けを工夫**した。何度も回る**仕掛けを確かめながら、友達と一緒につくりあげた。**

忍者になった気分を味わいながら、友達と憧れの忍者屋敷づくりで工夫を重ねる様子が伺えます。

粘り強く取り組む

空き箱で3階建ての家をつくる際、3階部分が落ちそうになった。慌ててテープで留めるが重さに耐えられない。それでも**諦めず補強し続けて完成。満足感を味わった。**

製作したものが壊れそうになり、何度も補強しなければなりませんでしたが諦めませんでした。

自信をもって行動する

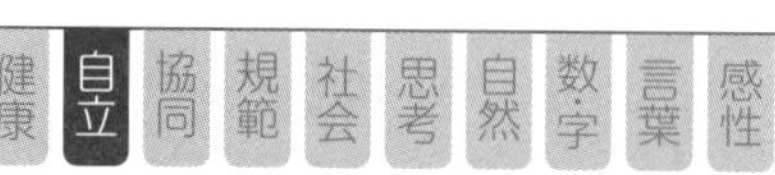

5歳児であるという自覚が生まれ、年下の子どもの世話をしようと、低年齢のクラスをまわっている。登園した3歳児へ朝の支度を教える接し方が、優しく自信にあふれている。

憧れの5歳児になり、年下の子どもによい関わりをしたいと強く願い実行し、満足感を得ています。

友達と支え合う生活

長い大型箱積み木の片側を友達が持とうとすると、**頼まれたわけでもないのにすっと反対側を持つことができる。**そして顔を見合わせニコッとして、力を合わせて運んでいる。

相手が困っていると感じたら、自分のできることで助けたいという気持ちが育っています。

初めて会う人に、主体的に関わる

園に来たお客さんに自分から挨拶し、園内や自分のしている遊びを積極的に教える。**相手が喜ぶことを自分なりに考え、相手のためになることを嬉しく思って関われる。**

初めて出会った人も好意的に受けとめ、役に立てることをしようと考えて実行しています。

過失を認めて謝る

展示してあった松ボックリや木の実のオブジェを手に持って見ていた際に、貼ってあったドングリがポトッと落ちてしまった。驚いてあたふたしたが、**つくった人の名前を確かめて自ら謝りに行った。**

悪意があったわけではないが、作品を破損させたので謝らなければと自ら行動しました。

台拭きを絞って渡す

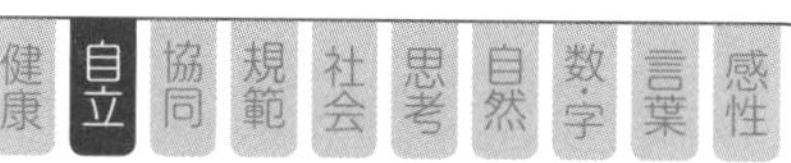

給食当番になることが嬉しく、台拭きを固く絞り、テーブルを丁寧に拭く。友達がしずくの落ちる台拭きを使っていると、**「やってあげる」と受け取り、固く絞ってから「どうぞ」と笑顔で渡した。**

当番活動の仕事をよく理解し、自分が全うすることはもちろん、友達にも手を貸しています。

鬼の決め方を工夫する

鬼ごっこで鬼を決める際、ジャンケンするかわりに「みんな、片方の靴を出して」と言い、「オニキメ、オニキメ、キミガオニ」と唱えながら順番に靴を指さし、**最後の子が鬼になるよう考えた。**

鬼の決め方も楽しくなるよう、自分なりに考えました。みんなに受け入れられ工夫のよさを感じました。

バトンの渡し方

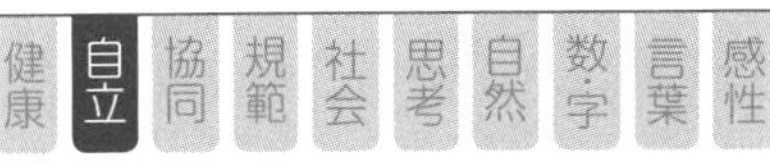

リレーでバトンを渡す際、**受け取る人がもらいやすいように**、端を持って相手の手のひらにトンと乗せることを仲間に提案した。みんなに同意され、嬉しそうだった。自信につながったと思われる。

どうすればバトンを落とすなどのトラブルが減るかを、自分で考え工夫しています。

完成するまで続ける

マフラー編みに挑戦したが、やってもやってもなかなか進まず途中で諦めそうになった。しかし、保育者に「できたら見せてね」と声をかけられたことを思い出し、**首に巻ける長さまで編み上げた。**

同じ作業をするのがつまらなくなり飽きてきましたが、保育者の言葉かけからやり遂げられました。

最後の１本まで

焼きイモを焼くために、イモを洗ってぬれ新聞紙とアルミホイルを巻く仕事に取り組んだ。イモがたくさん運ばれてくるので、何度もため息をつくが、**小さい子にも食べさせたいと最後まで巻き続けた。**

自分たちがやらなければ、みんなが焼きイモを食べられないと感じ、使命感をもってやり遂げました。

劇遊びで活躍する

青鬼役になって桃太郎の劇遊びを楽しんだ。**村人を恐がらせるために、金棒をふり回そうと考えつくり上げた。大きな金棒を片手に大きな声でセリフを言い**、みんなに認められて満足そうだった。

みんなでつくり上げる劇遊びのなかで、自分の役割について考え、やり切ったことで充実感を得ました。

アナウンスで達成感

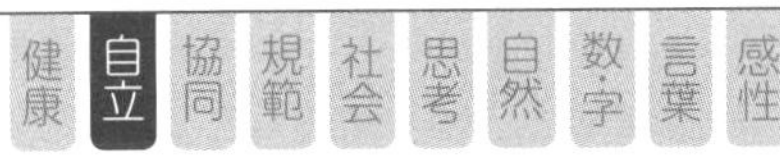

運動会のアナウンス係を希望し、マイクの前でゆっくりはっきりしゃべろうと努力した。始めは緊張していたが、保育者に支えられて三つの**アナウンスを立派にやり遂げ、達成感を味わった。**

自分で選んだ役割に真摯に向き合い、努力してやり遂げました。成長したことが伝わります。

自慢のおみこし

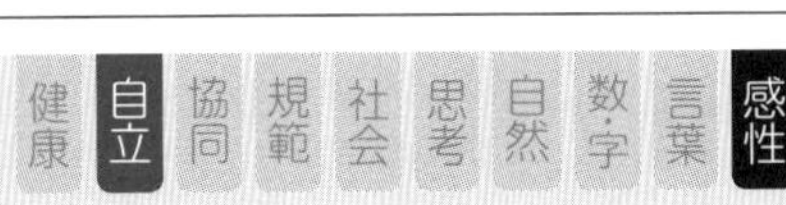

おみこしのてっぺんに自分たちのクラスの象徴である**ロケットを載せたいと提案**し、**友達と製作した。夏祭りでかついで練り歩いた**際、「ロケットがいいね」と何度も声をかけられ、満足感を味わった。

クラスで相談したおみこしで自分の提案が受け入れられつくり上げました。やり遂げた喜びがあります。

10の姿 文例集

協同性

キーセンテンス 1
自分の気持ちを友達に伝えたり、聞いたりする

キーセンテンス 2
話し合いや相談をしながら協力して取り組む

キーセンテンス 3
一緒に活動する楽しさを知る

キーセンテンス 4
友達がそれぞれの力を発揮するのを感じる

遊びをつくり上げる楽しさ

健康 自立 協同 規範 社会 思考 自然 数字 言葉 感性

踊ることが好きで、音楽をかけて仲間と振り付けを考えた。**衣装や小道具などもつくり出し、ショーをするまで**になった。みんなで**アイデアを出し合いながら遊びをつくり上げていく楽しさを味わった。**

踊りを考えたり道具をつくったり、アイデアが形になっていく楽しさを体験できました。

大きな作品づくり

健康 自立 協同 規範 社会 思考 自然 数字 言葉 感性

恐竜をつくりたいという思いをもち、厚紙に下絵を描いた。**友達と話し合いながら完成させ、達成感を味わった。**年下の子どもも招き、恐竜と一緒に写真を撮るなど、異年齢との関わりも十分できた。

友達と一緒につくったり小さい子と遊んだり、作品を通して人との関わりが生まれました。

仲よし以外との関わり

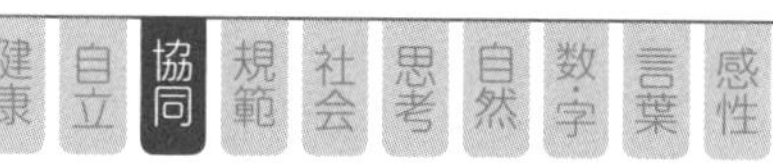

健康 自立 協同 規範 社会 思考 自然 数字 言葉 感性

仲のよい友達と２人の世界で大切に過ごすことが多かったので、意図的に他の友達との関わりが生じる働きかけをした。２人の遊びに数人が加わり**大きなグループでやりとりができるようになった。**

２人を引き離すのではなく他の友達を引き入れる援助で、友達関係がスムーズに広がりました。

仲間との連携プレー

健康 自立 協同 規範 社会 思考 自然 数字 言葉 感性

おばけ屋敷で、フランケンに扮して箱から出る際、お客さんが来たら**フタを３回たたく合図**をするよう仲間に頼んだ。**連携プレーでタイミングよく登場できるようになり大成功をおさめた。**

箱に隠れているため出るタイミングに迷いましたが、連携してよい効果が得られました。

クラスで役割分担

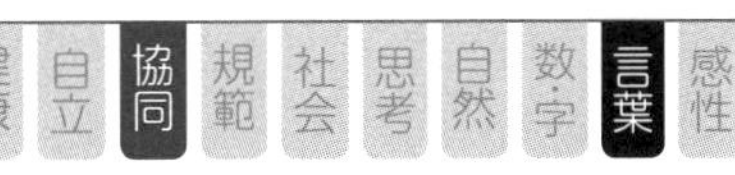

クラスで作品展をする際、**お客さんを誘導する案内役を希望した**。そしてお客さんが来ると**「こちらからご覧ください」「これはクラスのみんなでつくりました」**と親切に案内した。

作品展では様々な係がありますが、引き受けた仕事を精一杯、自分のもつ力を発揮しています。

目的をもってやり遂げる

踊りに使うミツバチの巣を、みんなでつくろうと、段ボールの輪をつなぎ合わせて粘着テープでとめる作業をした。**友達と嬉しそうに話しては、また輪をつなぎ合わせていく**。3日かけてようやく完成した。

ミツバチ役の子どもたちが、相談しながら力を合わせて取り組み、やり遂げた喜びを感じました。

協力するよさ

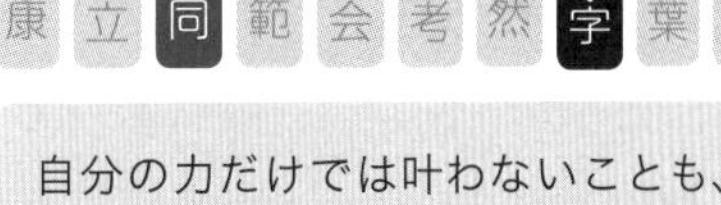

劇遊びのレンガの家をつくるために**牛乳パックが大量に必要なことが分かった**。クラスの友達や**他のクラスにも呼びかけたところたくさん集まった**。**協力することのよさに気付いた**。

自分の力だけでは叶わないことも、まわりの人に呼びかけることで力を貸してもらえると学びました。

アイデアを伝える

ドングリ転がしのコースに、粘着テープを輪にして貼り、**ドングリを止める仕掛けを考えて**友達に伝えた。**友達もおもしろがり、一緒に「ドングリホイホイの丘」をつくり上げた**。

どうしたらもっと楽しくなるかを考え、アイデアを伝えています。相談することの元になります。

博物館にしようと相談

健康 自立 協同 規範 社会 思考 自然 数字 言葉 感性

図鑑を見ながら虫を描き、額ぶちを付けて廊下に飾ると、仲間が加わり博物館ごっこへと発展した。入り口に**アーチをつくろうと話し合い、力を合わせて看板づくりに取り組んだ**。

本物のような虫の絵に魅力を感じ、仲間が集まりました。みんなで話し合い一つの遊びになりました。

みんなに同意を求める

レストランごっこに3歳児を呼びに行きたくて、ウェイトレスや料理係の**仲間一人一人に「準備はいい？呼びに行くよ」と声をかけ、同意を得てからうなずいて、3歳児クラスへ向かった**。

自分の一存では物事が進まないことを理解し、それぞれに確認を取ってから行動しています。

ウサギ当番

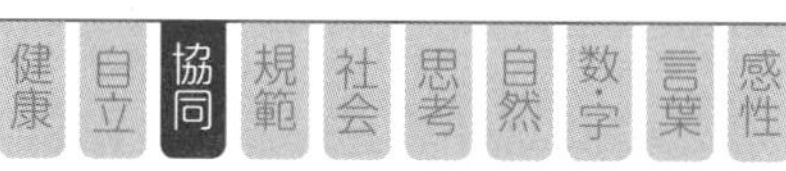

ウサギ当番に誘い合って出かけ、まな板は自分の分だけでなく３枚運んでテーブルに並べた。**力を合わせてウサギのえさを切ることを理解し、準備も片付けも協力して行っている。**

自分の仕事ではなく自分たちの仕事として捉え、みんなが動きやすいように配慮して行動しています。

音を聴き合って演奏を楽しむ

初めは一人で木琴でメロディを奏でていたが、近くに来た友達に「ねえ、一緒にやろう」と声をかけた。**お互いの音を聴きながら、最後まで演奏すると、**「やったね」と笑顔でハイタッチした。

一人より２人で音を合わせる方が楽しいことに気付きました。一緒に活動するよさを感じています。

それぞれの味を出す

劇遊びのネズミ役がみな同じタイプだとつまらないので、のんびり屋、おこりんぼ、泣き虫、あわてんぼなどの性格付けをしようと呼びかけた。**セリフや動きを工夫して、それぞれのタイプを表現した。**

劇をよりおもしろくするためにアイデアを出し、それぞれの持ち味が表現できるよう工夫しました。

協力してつくり上げる

ジャンボ鬼をつくる際、口を開いて食べ物を入れるようにしたいと考え、仲間に伝えると賛成してもらえた。**一緒に口がパクパクする仕掛けを試行錯誤してつくり、協力して完成させた。**

自分の考えを仲間に認められ、安心して活動します。協力することで仲間のよさを感じています。

友達の力を生かす

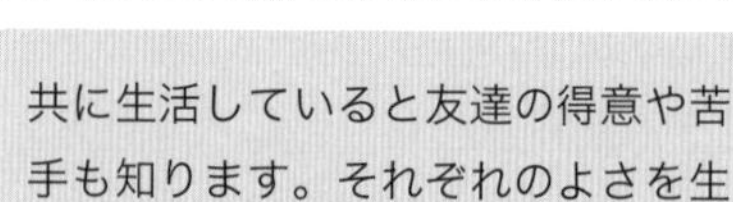

劇遊びの背景の野原を大きな紙に描く際、「Ａちゃんはお花が上手だから、この辺に描いて」「Ｂくんは虫ね」**と友達の得意なことを認めて、役割を分担した。**友達のよさを十分に感じている。

共に生活していると友達の得意や苦手も知ります。それぞれのよさを生かす知恵も生まれます。

アンカー決め

運動会のリレーで、走る順番を決める話し合いをした。最後に走るアンカー希望が３人いた際、険悪な空気が流れたが、**交代でやってみてから決めようと意見を出しみんなを納得させた。**

ジャンケンや多数決などの意見もありますが、みんなが納得する方法を考え、希望をつなぎました。

道徳性・規範意識の芽生え

キーセンテンス 1
してよいことや悪いことが分かる

キーセンテンス 2
自分の行動を振り返る

キーセンテンス 3
相手を思いやる

キーセンテンス 4
きまりの必要性を知り、自ら考えてつくったり守ったりする

キーセンテンス 5
自分の気持ちをコントロールし、友達と折り合いを付ける

みんなでサッカーを楽しむために

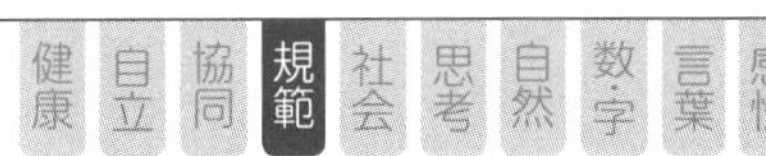

サッカーでは勝つことに執着したが、みんなが楽しむために大切なことを考える機会を設けた。するとあまりボールをけらない子にボールを回すなど、**人の気持ちも考えてふるまうようになった。**

勝敗だけにこだわらず、どうすればみんなが楽しめるかを考えられるようになりました。

友達をなぐさめる

友達が悲しんでいると、そばに寄り添ってなぐさめるというやさしさがある。自分が悲しかったときに、してもらった経験があるようだ。心を通わせることで、友達の幅を広げている。

なぐさめてもらった嬉しさから、自分も人にやさしくする気持ちが育ちました。

悪口を言わなくなる

トラブルになると、相手の悪口を言うことがあった。くやしさに共感しつつも、自分が言われたらどんな気持ちかを考える機会を設けた。**くやしいのは自分だけではないと気付き、悪口は抑えるようになった。**

悪口を言われた側の気持ちや、自分だけがくやしいのではないことに目を向けられました。

友達と折り合いを付ける

箱積み木で宇宙基地をつくる過程で、立方体の積み木が必要になった。**他の子が遊びで4つ使っていたので、こちらがつくりたいものを伝えて相談をもちかけた。**そして他の形の積み木と交換してもらった。

相手にも思いがあることを感じ、どちらの願いも叶うように交渉することができるようになりました。

自分の気持ちを調整する

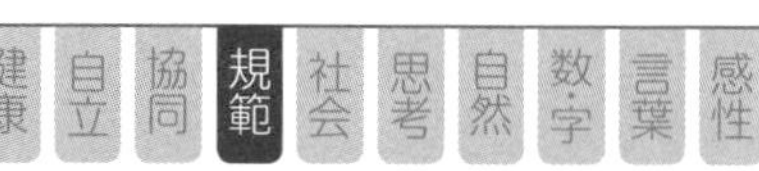

使いたかった竹馬をタッチの差で友達に取られ、悔しい気持ちを鉄棒にぶつけた。何度も前回りをして心を落ち着けた。**高まる気持ちを自分でコントロールしている。**

嫌なことがあっても暴れたり叫んだりするのではなく、自分でコントロールできるようになりました。

きまりをつくる

健康 自立 協同 **規範** 社会 思考 自然 数字 言葉 感性

金魚のエサを与えすぎて、水槽の水が汚れた際、「エサをやりたい人は10時に来て1日1回にする」と考えた。**集まりでみんなに伝えると賛成してもらえて、合意を得た。**満足そうだった。

困った事態が起こった際、そうならないようにするにはどうしたらよいかを考えています。

思いやりの気持ち

健康 自立 協同 **規範** 社会 思考 自然 数字 言葉 感性

泣いている友達に、「大丈夫？」と言って近付き、自分のハンカチを手渡すことができる。**心配そうに顔をのぞきこみ、側にいる様子**からやさしさが育っていると感じる。

相手の悲しい気持ちを思いやり、自分はどう行動すべきかを考えて実行しています。

注意を促す

水を出しっぱなしにして石けんを泡立てている友達に、**「もったいないから止めようよ」と声をかけて**じゃ口を閉めた。**正しいと思ったことはためらわずに行動できる。**

してよいことといけないことの判断ができ、友達に伝えることもできます。

行動に気が付く

健康 自立 協同 **規範** 社会 思考 自然 数字 言葉 感性

色紙に油性ペンで線を引きかけたが、「あっ」と声を出して色紙の裏面とテーブルを見付める。「セーフ」と笑顔になり、**「テーブルにつくところだった」と色鉛筆を取ってきて続きを描いた。**

油性ペンで描くとテーブルにまで色がつくことに気付き、いけないことだと行動を改めました。

行動を振り返る

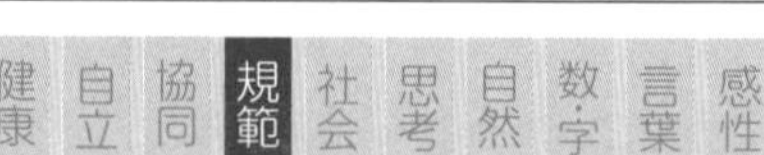

道具箱にクレヨンを取りに行ったら、ないことに気付いた。**どこで使ったか自分の行動を振り返る**と、朝、トマトの観察の際にテラスで使ったことを思い出して、自分で取りに行けた。

困ったことが起きると、なぜそうなったか記憶をたどることで解明し、片付けなかったことを反省しました。

友達に謝る

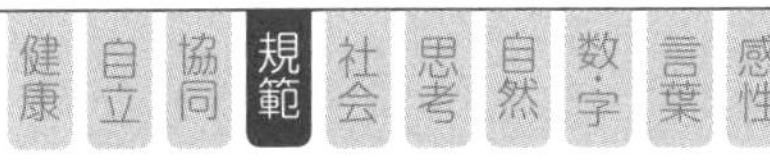

積み木の宇宙船がレストランごっこの通路まではみ出していたため、友達がつまずいて転んだ。宇宙船の部品のせいだと**自分で気付き、友達に謝り、通路にはみ出さないようつくり変えた。**

自分の積み木の置き方のせいで友達が転んだことを認め、自分から謝ることができました。

病気になった友達へ

入院することになった友達へ自分から**「はやくげんきになってね」と手紙と絵を描いた。友達を思いやる気持ちがあふれている。**この手紙を見て他の子にも絵や手紙を描く輪が広がった。

会えなくなった友達に、何か気持ちを伝える手段はないかと考えて行動しています。

友達のために話す

晴れてきたのに長靴を履いて来て、ふさぎ込む友達がいた。「どうして長靴？」とはやし立てる子がいたので、**「それは言わないであげて」とやさしく返す。思いやりが育っている**と思われる。

友達がどうにもならない気持ちを抱えていることを察し、これ以上傷つかないよう守っています。

ルールをつくる

ドッジボールで、ボールを持ってもなかなか投げない友達がいたので**「10秒以内に投げることにしようよ」と提案した。それからは、みんなが守るようになり、**ゲームを楽しめるようになった。

どうしたらみんなが楽しめるかを考え、ルールをつくって提案しています。何秒が適当かも考えました。

みんなが分かる方法

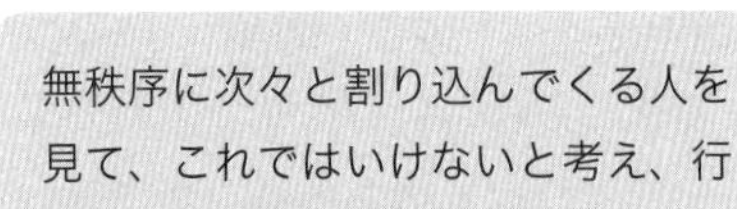

長なわ跳びが人気で、跳びたい人が近くに立って待つようになった際、ベンチを運んで**「跳びたい人は、ここに並んで座っていて」と**声をかけた。声をあらげず、みんなに分かりやすい方法を提示できた。

無秩序に次々と割り込んでくる人を見て、これではいけないと考え、行動を起こしました。

気持ちを抑える

時間をかけてつくった泥団子を、友達が不注意で落として割ってしまった。友達はすぐに謝ったが、ショックは大きかったようだ。「もう！」と怒ったが**それ以上は責めず、つくって返すように求めた。**

怒りの気持ちを自分なりに抑えながら、どれぐらいの情熱をかけたものかを知らせようとしました。

10の姿　文例集

社会生活との関わり

キーセンテンス 1
家族を大切にする

キーセンテンス 2
地域の人たちや行事などに触れ、地域に親しみをもつ

キーセンテンス 3
人の役に立つ喜びを感じる

キーセンテンス 4
必要な情報を取り入れる

キーセンテンス 5
公共の場などを通して社会とのつながりを知る

天気予報や気象への興味

テレビの天気予報に興味をもっていて、登園すると、朝見た情報を再現する。日中も天気が変わると空をながめ、**雲の動きや季節についても興味・関心を広げている。**

天気予報への興味をきっかけに、自分でも空や雲を観察する様子が見られます。

家族を大切にする

折り紙で箸置きをつくった際、「お父さんとお母さんとお兄ちゃんの分もつくる」と張り切って取り組んだ。大事に持ち帰り、**家族で使っていることを嬉しそうに話した。**

自分のだけでなく、家族みんなの分があったらいいと考えて、自分でつくりました。

情報を伝え合う

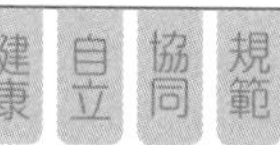

「隣のクラス、**インフルエンザの人が2人だって**」と**クラスのみんなに伝えた。そして予防をしようと、手洗いとうがいを進んで呼びかけた。**みんなと健康でありたいという、意識が育っている。

クラスの中だけに安住するのではなく、広くアンテナを張って情報収集しています。

社会とのつながり

電車に乗った際、車掌さんがホームを点検するなど、安全を確認する後ろ姿を見た。そして、**電車に乗れる**のは多くの人のおかげであることを知った。それから、**見えないところで働く人の存在にも気付き始めた。**

日頃はなかなか目にすることができない場面を見たことで、陰で尽力する人の存在に気付きました。

地域の人と触れ合う

散歩の際に、**「こんにちは」と出会う人みんなに明るく声をかける**。「挨拶が上手だね」「どこへ行くの？」など声をかけられると嬉しそうにしていた。自分から人との関わりを、楽しんでいる。

挨拶するのはよいことと感じ、率先して声をかけています。そこから世界が広がります。

公共の施設を利用する

プラネタリウムを見に行った際、いすが下りたままの席が気になった。**次に見る人が気持ちいいようにと、座席を上げて回った**。人のために、自分でできることはしようとする気持ちが育っている。

プラネタリウムが楽しかった余韻から、いい気持ちで次の人にも見てほしいと考えています。

お父さんに見せたい

単身赴任の父親が帰る日を心待ちにし、なわ跳びの後ろ跳びを見せたいと何度も挑戦する。5回跳べるようになり喜んでいた。**帰省した父親に披露して、ほめられたことで充実感を味わった**。

父親が大好きで、自分のいい所を見せたい気持ちから挑戦意欲が生まれています。

兄さんになった自覚

弟が生まれたことが嬉しくて、寝ている時は起こさないように静かにすると話す。弟の絵を描いたり、弟のために製作したりと、兄さんになったことが生活の仕方にまでよい影響を与えている。

赤ちゃん返りをする子もいる一方、兄さんらしくありたいという思いから成長する子もいます。

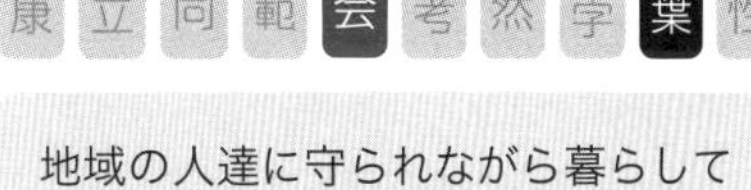

地域の人に挨拶

町内の子どもみこしで世話をしてくれたおじさんと仲良くなり、散歩で見かけると元気に挨拶する。**地域に親しみをもつきっかけになっている**。**園のことも自分の言葉で伝えている**。

地域の人達に守られながら暮らしていることを知り、親しみをもって関わります。

歩道の花を植えた人へ

園の近くの**歩道に花を植えている人たちに気付き、「ありがとうございます」と進んで声をかけた**。その花を見るたびに「あの人、元気かな」と思い出している。温かな心の交流があることが感じられる。

今までは何となくそこにあるだけの花でしたが、通る人のために植えてくれた人の存在を知りました。

園内パトロールで役に立つ

健康 自立 協同 規範 **社会** 思考 自然 数字 言葉 感性

園内パトロールを進んで行い、片付け忘れた砂場用具などを拾って、**あるべき場所へ戻すことに喜びを感じている**。みんなに「ありがとう」と言われて充実感も味わっている。

役に立てる仕事を自分で見付け、意気揚々と取り組んでいることが伺えます。

落とし物を届ける

健康 自立 協同 規範 **社会** 思考 自然 数字 言葉 感性

廊下で拾ったハンカチに知らない名前が記されていた際、自分のクラスではないことが分かっているので、**他のクラスをまわって持ち主を探した**。持ち主に返すと満足感を味わった。

知らない人の持ち物でも放っておかず、探し当てるまで尋ね歩くパワーがあります。

トンボの種類を調べる

健康 自立 協同 規範 **社会** 思考 自然 数字 言葉 感性

ストローでトンボを作る際、**羽を本物らしくしたいので図鑑を調べた**。するとオニヤンマ、アカトンボなど多くの種類を目にし、それぞれの違いについて知った。調べることが楽しくなっている。

調べることで、今まで知らなかった世界が目の前に広がることを知り、意欲をもちました。

園全体の人数を調べる

健康 自立 協同 規範 **社会** 思考 自然 **数字** 言葉 感性

焼きイモを**いくつ焼けば園の全員が食べられる**か把握するために、**各クラスの人数を聞きに行った**。園全体の**人数を実感し、みんなに焼きイモが行き渡るよう意識して準備を進めた**。

必要にせまられて、数を把握しようと動きました。調査することで知りたい答えが得られました。

トイレをゆずる

健康 自立 協同 **規範** **社会** 思考 自然 数字 言葉 感性

動物園のトイレに入ろうとした際、小さい子がバタバタと緊急を要するように飛び込んできた。**「お先にどうぞ」と自分から声をかけてゆずった**。**園以外の多くの人が利用することを知った**。

公共の場は様々な人が利用することを知り、自分ができることで人の助けになろうとしています。

点字表示に気付く

健康 自立 協同 規範 **社会** 思考 自然 数字 言葉 感性

電車に乗るための切符を自動券売機で買う際、点字が付いているのを見付けた。**目が不自由な方もこの券売機を使うことに思い至り、点字ブロックの存在にも改めて意味を見出した**。

自分の住む地域にも様々な人が暮らしていることを、点字表示を通して気付きました。

10の姿 文例集

思考力の芽生え

キーセンテンス 1
物の性質や仕組みに気付く

キーセンテンス 2
予想したり工夫したりしながら物と積極的に関わる

キーセンテンス 3
自分とは違う考えもあることに気付き、見方を深める

キーセンテンス 4
自分で判断し、新しい考えを生み出すことを喜ぶ

体験から遊びを生み出す

健康 自立 **協同** 規範 社会 **思考** 自然 数・字 言葉 感性

夏休みに体験したキャンプを思い出し、9月には**キャンプファイヤーの遊びを友達と一緒につくり上げた。**火の感じを出すために赤いセロファンに光を当てることを考え、**懐中電灯の角度や置き方などを工夫した。**

自分の楽しかった体験から、遊びをつくり出しました。火の表現を工夫し、こだわっています。

劇遊びで工夫して演じる

健康 自立 協同 規範 社会 **思考** 自然 数・字 言葉 **感性**

ピーターパンごっこのフック船長になり、**太い声を出して海賊らしくふるまうことを楽しんだ。カギの手を作りたいと段ボールを使って工夫し、**黒く塗って持ち手をつけた。怖い声で演じる喜びを経験できた。

手があるのにないように見せて、カギを目立たせる工夫を、ものと対話しながら行いました。

磁石を使って遊びをつくる

健康 自立 協同 規範 社会 **思考** 自然 数・字 言葉 感性

磁石に興味をもち、砂場で砂鉄を集め、クルクル回るおもちゃをつくって楽しんだ。友達と共に「手品」と称して、**磁石を使った不思議なパフォーマンスを考えている姿**に、想像力の育ちを感じた。

磁石で遊ぶことから、科学的なものへの興味や新しい遊びを考える創造力が育っています。

どうすれば立つか考え直す

健康 自立 協同 規範 社会 **思考** 自然 数・字 言葉 感性

段ボールの家がすぐ倒れてしまうので、しっかり立つように旗立て台を置くことにした。**どこに置けば倒れにくくなるか、友達と試行錯誤し、**側面に2個置くことで固定するよう考えた。

どうすれば倒れなくなるか、旗立て台をどこに置けば支えになるか、自分たちなりに考えています。

自分と異なる考えに気付く

お面を運ぶ際に、自分はカゴに入れて運んでいたが、友達はお面の輪っかにひもを通して結んで運んでいた。**こんな方法もあるのかと驚き、真似をした。**友達から学んで自分の生活に生かしている。

自分とは異なる様々なやり方があることに気付き、友達から学ぶよさを感じています。

物との多様な関わり

花びらや葉っぱなどから色水をつくる際、**ビニール袋に入れて手でもんだり、すり鉢を使ったりと方法を考えた。**また、花びらと水の量を考えて、濃さを加減することができるようになった。

いろいろな種類の花や葉と何度も関わるうちに、色の出やすいものを知り、方法を考えました。

自分なりに考える

助け鬼では、鬼に見付からないように隠れながら、仲間にタッチして逃がすことに喜びを感じていた。**鬼の背後からそっと近づくなど、様々な方法を考えて楽しんだ。**

どうすれば見つからずに仲間を助けられるかを考えながら、鬼の動きに応じて判断して動いています。

ゴムの性質を利用する

健康 自立 協同 規範 社会 思考 自然 数・字 言葉 感性

動く舟をつくる際に、**ゴムでプロペラが回る仕組みに気付いた。**ゴムの戻ろうとする力でプロペラが引っ張られることがおもしろく、水に浮かべる前に何度も試して回した。

まっすぐ伸ばすだけでなく、ねじってもゴムは戻ろうとすることに気付いています。

友達のものと見比べる

健康 自立 協同 規範 社会 思考 自然 数・字 言葉 感性

手作りのコップけん玉に、なかなか玉が入らなかった。友達はスイスイ入れているので**比べてみると、ひもが短いことに気付いた。**ひもを長く付け替えると、楽に入れられるようになり喜んでいた。

ひもが短いと、振った際に玉が引っ張られてしまうことに気付きました。比べるよさを感じています。

流れる水路にするには

砂場で水路をつくって水を流したが、なかなか思うように水が流れない。**流したい方をもっと深く掘らなければと気付き、**友達に声をかけてせっせと掘った。次に流すと勢いよく流れ、充実感を味わった。

「なぜ水が流れないんだろう」と考えたことから、水は高い所から低い所へ流れることに思い至りました。

にじみ方を予想する

染め紙を美しくするには、どのような折り方にすればよいのか、**絵の具のにじみ方を予想しながら折った。**混色をする際にも、絵の具の浸す順番にもこだわりながら、試行錯誤を楽しんだ。

折り方によって模様の付き方が違うことに気付き、積極的に折り方を工夫して試しています。

描く順番を考えて

綱引きの絵を描いた際、自分は綱を先に描いて次に人を加えていったが、友達は綱を握る手から描いていた。**そんな描き方もあるのかと驚き真似してみた。**それからの絵に、動きが表れた。

いつも描く順番は気にせず、何となく描いていましたが、友達のおかげで新たな方法を知りました。

ボールの渡し方を考える

ボールを5人で回す方法を考えた際、股の間から渡したいと提案して受け入れられた。友達は頭からつま先までボールを転がしてから振り向いて手渡すと提案。難しいと言いながらも挑戦していた。

それぞれが渡し方を考えて意見を出し合うと、自分が思いも付かないようなやり方が登場しました。

「ん」の札もつくろう

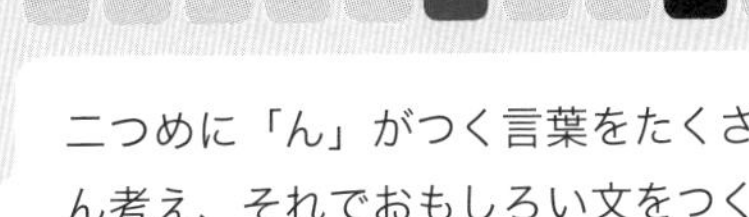

オリジナルカルタをつくる際、**「ん」の札も書きたいと提案した。**「ん」から始まる言葉はないから、二つめに「ん」が入る言葉と決め、**「きんこに はんこと インクを いれた」と考え、みんなに見せて歩いた。**

二つめに「ん」がつく言葉をたくさん考え、それでおもしろい文をつくり出しました。

判断して変更する

サーキット遊びのコーナーをつくり、他クラスの子どもも招待して遊んだ。3歳児が来て、フープのケンケンができずに困っていると、**「ここは両足跳びでウサギさんになって」**と**できる遊びを提案した。**

相手の様子に応じて、ルールを柔軟に変更し楽しく遊べるようになりました。

同じではつまらないから

劇遊びでサルの踊りをみんなで考えた。始めは同じ動きを楽しんでいたが、**全部が同じではつまらないと提案し、一部分はそれぞれが違う動きにした。**お客さんにも好評で、充実感を味わった。

「同じ」を楽しむ時期を経て「違うからこそおもしろい」を発見しました。お客さんからの見え方も意識します。

10の姿 文例集

自然との関わり・生命尊重

キーセンテンス 1
自然の変化に気付く

キーセンテンス 2
感動する体験を通して、自然に関心をよせる

キーセンテンス 3
身近な動植物を大切にする

キーセンテンス 4
動植物を通して生命の尊さを知る

植物の生長を喜ぶ

自分たちが植えたサツマイモやトマトに関心をもち続け、毎日水やりを行った。花が咲いたとき、実がなったときなど、大きな感動を味わい、全身で喜びを表現した。

世話を継続して行うことで、植物の生長をリアルタイムで経験できました。

身近な事象への関心

雨が降ると園庭の様子が一変することに、興味をもった。水たまりにしずくが落ちて、**水面が変化する様子や土の色が変わることをじっと観察**した。雨のにおいも感じている。

土が黒っぽくなり、固定遊具に水滴がしたたる様子に関心をよせ、おもしろさを感じています。

クモの巣の美しさ

雨上がりに雑木林でクモの巣を発見した。**レースのように美しいことに感動**し、友達に教えている。友達が「本当だ」とびっくりする様子を見て嬉しそうだった。

自分が見付けた美しいものを友達に知らせ、共に感動できたことが喜びとなっています。

生命の尊さ

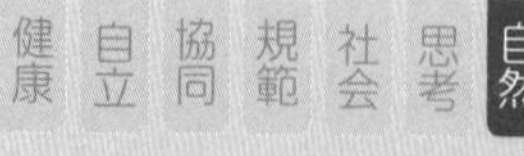

飼っていたウサギが死んだことがショックだったがじっと受け止めた。二度と生き返ることはないと徐々に実感した。**飼っていたウサギを通して生命の尊さに気付いた。**

あんなに元気だったウサギが、ピクリとも動かなくなったことで死を実感しました。

身近な動植物に関わる

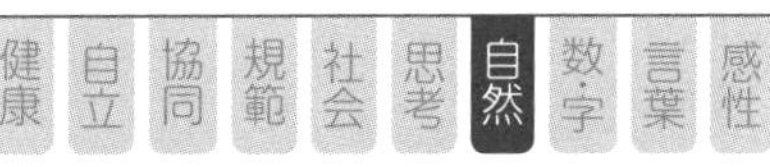

カイコが旺盛な食欲で桑の実を食べる様子に目を見張っている。繭をつくるらしいと予想しつつ、どのように成長するかを楽しみにし、進んで葉を取り替えている。

生命力にあふれるカイコの食べっぷりに感動しながら関わりを楽しんでいます。

身近な動植物を大切にする

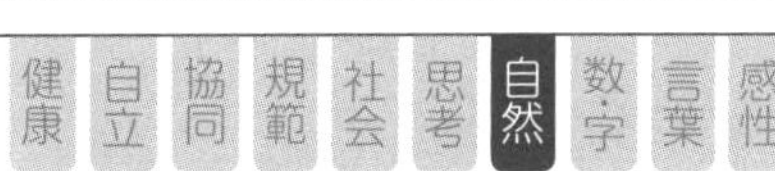

ダンゴムシが好きで、たくさん捕まえてカップに入れて喜んでいた。しかし、ずっとカップに入れていたら死ぬと聞かされた。**ダンゴムシには命があることを知り、元の場所へ帰すようになった。**

おもしろさだけで関わっていたダンゴムシにも命があることを知り、生命の尊さを学びました。

生き物との出合い

健康 自立 協同 規範 社会 思考 **自然** 数・字 言葉 感性

イモ掘りの途中で、大きなミミズを見つけて驚いて声をあげた。**じっと見ているとヒョコヒョコ動く様子がおもしろく、**友達にも知らせて一緒に観察した。「もう怖くない！」と嬉しそうだった。

偶然の出合いでしたが怖がらず、じっと観察しています。土の中の生き物に親しみを感じています。

氷の変化

健康 自立 協同 規範 社会 思考 **自然** 数・字 言葉 感性

池に氷が張ったことに気付き、みんなに知らせた。大きい氷を取ってバケツに入れて氷屋さんを始めたが、時間がたつと氷が溶けて小さくなった。**気温が上がったから溶けたことを理解していた。**

寒い日には氷が張ることを経験から学んでいます。気温の変化により氷が変化することを感じています。

落ち葉に気付く

健康 自立 協同 規範 社会 **思考** **自然** 数・字 言葉 感性

園庭に落ちている紅葉した桜の葉を集める。「これ、春にはあった？」と問うと、**「なかった。緑色で木に付いていた」と思い出した。「どうして赤くなって落ちるのかな」と疑問をもった。**

１年中見ている桜の木の変化に気付きました。なぜ色が変わるか疑問をもち、考えることへつながります。

虹を観察する

健康 自立 協同 規範 社会 思考 **自然** 数・字 **言葉** 感性

虹が出たことを見付け、**目をこらして７色の色を確かめた。**「きれいだね」と友達に話しかけ、美しさを共に味わった。帰りの会では、**「今日は○くんと虹を見ました」と感動したことを語った。**

いち早く虹を発見し、たっぷりと美しい現象を味わい楽しんでいます。色にも興味を示しています。

アリを観察

アリを観察しようと園庭の木の根元に角砂糖を置くと、みるみるうちにアリが集まってきた。あまりの数に驚いていたが、**1匹1匹の動きを見ると巣穴へ運ぶ様子を見ることができ、みんなに報告した。**

アリは砂糖に集まると予想していました。園に多くのアリがいたことに気付き心を動かされています。

シロツメ草を残しておく

シロツメ草を編んで冠づくりを楽しんだ。**友達と長さを比べながら**、ときどき頭にのせ、香りもかいでいた。**全部摘んだらお花がかわいそうだからと言い、必ずひと区画残している。**

花と十分に関わって楽しんでいますが、生命があるものと感じ大切にしていることが伺えます。

チャボの世話

チャボの小屋をデッキブラシで掃除する際、チャボを外に出すのは怖いので友達に任せている。でも、自分**が掃除した後、「気持ちいいでしょ？」とチャボに声をかけている。**

チャボに直接触れることはできませんが、自分たちの仲間だから、気持ちよくしてあげたいと思っています。

水栽培の不思議

ヒヤシンスの水栽培で、白い根がヒゲのように伸びるのを毎日のぞいて楽しみにしている。**土がないのに生きていて、花を咲かせることに不思議さを感じながら、毎日水をかえて世話をした。**

植物は土から生えるものと思っていましたが、そうではない種類に出合い、興味・関心をもっています。

トンボの死

トンボを捕まえたのが嬉しくて、観察ケースに入れて眺めていた。2日後、ケースの中で死んでいるのを発見した。エサもなく放置していたことに気付き、**生命を大切にしなかったと反省した。**

悪気はなかったのですが昆虫の死を目の当たりにし、責任を感じています。命の重みを知りました。

地震は自然なこと

地震の揺れを感じると、すぐダンゴムシのポーズをして身を守っている。大きな地震のニュースをテレビで見て、恐ろしさを十分に感じている。**地震は地球の自然な活動であると受け止めている。**

地震はこないでと願うだけでは解決にならないことを知り、地震を受け入れ被害に合わないようにしています。

10の姿 文例集

数量や図形、標識や文字などへの関心・感覚

キーセンテンス 1
数量に親しみ、大小や順番に気付く

キーセンテンス 2
いろいろな図形に興味をもつ

キーセンテンス 3
標識の役割に気付く

キーセンテンス 4
文字に親しみ、活用する

熱心に文字を書く

2学期から文字を書くことに熱心になった。書きたい文字が分からないと、掲示してある**五十音表の前に立ち、確認してから書くようになった。**書けるひらがなが増え、嬉しそうである。

文字への興味が深まり、分からないと調べて覚えようとする意欲が育っています。

図形を活用する

ピザ屋さんごっこをしていて、ピザをいくつに分けて切ったら、クラス全員で食べられるかを考えた。何枚作るとちょうどよくなるのか、**図を描きながら考え結果をみんなの前で発表した。**

答えを出すことが重要ではなく、図に線を引いて数えながら考える過程にこそ育ちがあります。

図形に親しむ

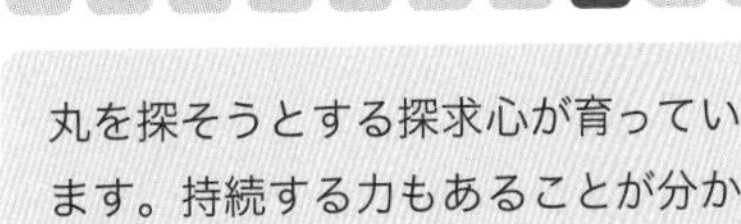

生活の中の図形探しに意欲的に取り組んだ。丸い形は、ごみ箱の底、ガムテープ、電球など、たくさん見付けた。クラス内、園内、園外、家庭内でも探し続ける熱心さがあった。

丸を探そうとする探求心が育っています。持続する力もあることが分かります。

数量に親しむ

ままごと遊びで、**家族4人分の箸は何本必要かを考えた。**2本ずつセットすると、8本になることが分かり嬉しそうだった。10本の箸セットの中には2本残っていることを確かめた。

1人1本ずつではなく、2本ずつなので数が大きくなります。生活の中での経験が大切です。

標識の役割に気付く

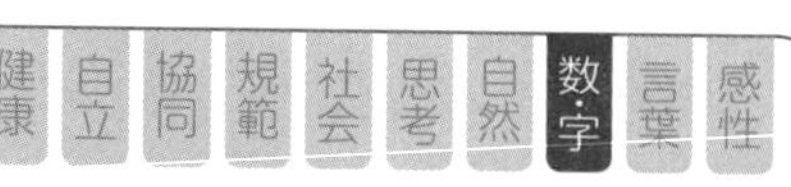

狭い道では、歩く人の安全のために「車は一方通行」になっていることを知った。**反対向きへの車は１台も来ないことを確かめ、**散歩の際に年下の子へ標識の意味を教えた。

道路標識に関心をもち、どのような意味があるのか大人にたずね、分かったことを友達に教えています。

文字の役割に気付く

作りかけの砂山トンネルを、翌日まで残しておきたかった。保育者に相談して**「こうじちゅう」と書いておくことで、みんなに伝わることを知り、**便利だと実感している。

書いておけば、思いが伝わることに気付きました。看板や手紙の意味も感じ始めています。

ボールをつく回数

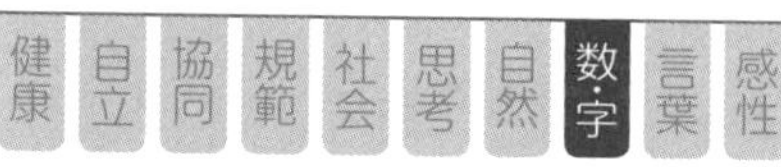

ボールをつく際、**１から数を数えている。「３２までいった」「私は５５」と友達と数を比べ**ながら、どちらがたくさんつけたかを楽しく競い合っている。数の大小を実感しているといえる。

安定してボールをつけるようになると、どちらが長くつけるかに興味が移り、数に結び付きます。

10回ずつ跳ぼう

長なわ跳びで**人数が増えると、「１人10回ずつね」**と声をかける。１人が長く跳ぶと待つ人になかなか順番が来ないことを感じている。**大きな声で数を数え、**みんなが満足できるよう配慮している。

どうすればみんなが公平に長なわ跳びを楽しめるかを考え、跳ぶ回数を決めることに思い至りました。

チームの人数を合わせる

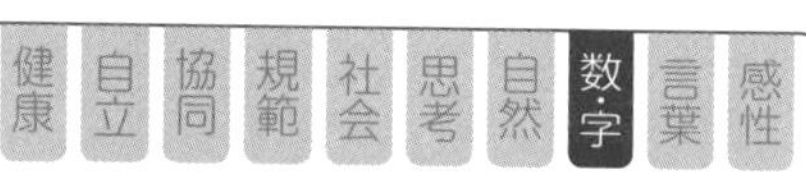

サッカーをしていて、赤チームが次々ゴールを決めるので「待った」をかけた。白チームの人数が少ないかもしれないと考え、**みんなで人数を確かめた。**白チームが２人少なかったので赤から１人もらった。

ゲームを公平に進めるためには、同じ人数で戦わなければいけないと感じ、確認しています。

星形を描きたい

星形がうまく描けない時、友達から三角形を二つ重ねて描くやり方を教えてもらった。それが気に入って、**いろいろなところに星形を描いている。**図形に興味をもつきっかけになっている。

三角形を組み合わせるとおもしろい図形がいろいろできます。三角プレートを操作するのもいいですね。

三角を組み合わせると

パズルのパーツを組み合わせて遊ぶうちに、直角二等辺三角形（さんかく）を2つ合わせると正方形（しかく）になること、**合わせ方を変えると大きな直角二等辺三角形（さんかく）になることを発見**した。

パーツでおうちや動物をつくって操作するうちに、ぴったりくっついて別の図形ができる体験をします。

工事の標識から

近くの工事中のへいに、ヘルメットで頭を下げている男の人の標識を見かけた際、真似をして「工事中ですから近寄らないでください。すみません」と言った。**標識の告げたいことを理解している。**

町なかで見かけるいろいろな標識には、伝えたいことがあるのだと認識しています。

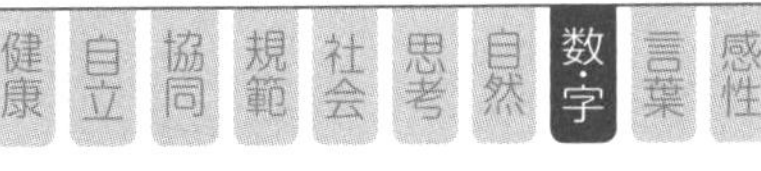

ベルマークを集めよう

ベルマークを集めると、園に必要なものがもらえるらしいと聞き、**空き箱にベルマークが付いていないか調べ始めた**。すると3つ発見した。嬉しくなり、帰りの会でみんなにも呼びかけた。

ベルマークの意味を知り、無駄にしないで集めたいという気持ちになりました。

自分で願い事を書く

七夕の願い事を自分で書きたくて、五十音表の前で調べながら一文字ずつ書く。「けいさつかんになりたい」の**「な」が難しく、友達に教えてもらいながら自分で書き上げ**、満足していた。

読めても書くことはなかなか難しいものです。自分で書きたいという必要感から挑戦しています。

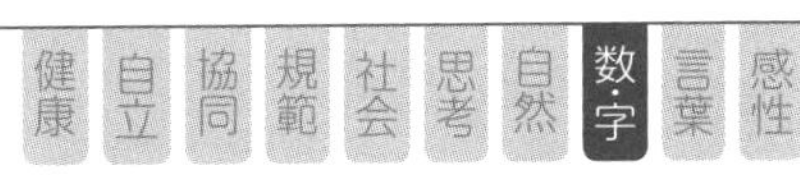

友達の名札を見て

お寿司屋さんごっこのメニューを書きたくて「いくら」と書きかけたが、「ら」が分からなかった。「あきらくん」と友達を呼び、**名札を見せてもらって「ら」を書き上げ**嬉しそうだった。

困難にぶつかった際、どうすれば問題解決ができるか自分で考え、友達の力を借りてやり遂げました。

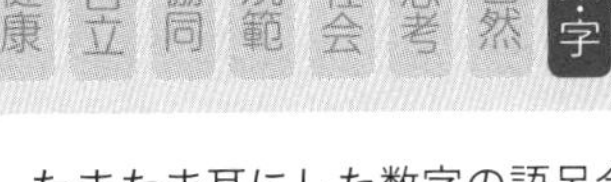

数字で言葉をつくる

1133を「いい　みみ」と読むことをおもしろがり、74「なし」、15「いちご」、87「はな」など、**数字で言葉をつくっては、指で示しながら友達と楽しんだ。数と言葉についての興味が育っている。**

たまたま耳にした数字の語呂合わせに関心をもち、自分で考えて楽しんでいます。

10の姿 文例集

言葉による伝え合い

キーセンテンス 1
絵本や物語に親しむ

キーセンテンス 2
豊かな表現や言葉の楽しさに関心をよせる

キーセンテンス 3
経験したことや考えたことを伝える

キーセンテンス 4
相手の話を聞き、伝え合いを楽しむ

自分から発言できるようになる

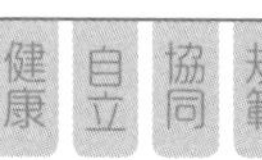

仲のよい友達が先に話すため、自分から話すチャンスがあまりなかった。そこで、友達が言う前に、自分から話すよう促したところ、**少しずつだが話せるようになった。3学期には自信をもって発言できた。**

友達が代わりに伝えていたため、話す必要性を感じていなかった状況を変えました。

発表会での活躍が自信に

人前で話すことにはとまどいがあったが、発表会で**堂々と役になりきり、大きな声でセリフを言えたことが自信となった。**小学生との交流会でも、遊びの紹介を楽しんで行うことができた。

行事での達成感が自信となり、他の機会でも生き生きと発表できるようになりました。

言葉遊びを楽しむ

五七五で作ったかるたが楽しかったようで、**ノートに指を折り曲げて数えながら、川柳をたくさん書いた。帰りの会には発表して、みんなを楽しませた。**言葉に対する感覚が育っている。

五七五で表現することに喜びを感じています。人に伝える意欲も育っています。

絵本に親しむ

絵本が好きで、**保育者が読み聞かせた絵本をもう一度手に取り、一人でじっくり読んだ。**保育者の語ったストーリーが頭にあるので、余韻の中で再び味わっている。

お話の世界に浸る楽しさを感じ、十分に親しんでいます。自分で読んでも、イメージを浮かべられます。

考えたことを伝える

健康 自立 協同 規範 社会 思考 自然 数・字 **言葉** 感性

運動会でやりたい種目を相談する際、**一本橋と鉄棒を組み合わせ、最後にすべての用具の回りを一周走ることを提案し受け入れられた。**仲間に認められたことで、充実感を味わった。

自分の考えを言葉でみんなに伝えています。そのよさを理解されていることが分かります。

言葉の楽しさに気付く

健康 自立 協同 規範 社会 思考 自然 数・字 **言葉** 感性

「ビル」を伸ばすと「ビール」、「ちず」は「チーズ」になることを知り、言葉のおもしろさを感じた。**身近な言葉を伸ばしては確かめ、別の意味になる言葉を見付けると、**友達に知らせて楽しんだ。

違う意味の言葉に変身することに気付き、言葉探しに意欲的になっている様子がうかがえます。

豊かな言葉を身に付ける

健康 自立 協同 規範 **社会** 思考 自然 数・字 **言葉** 感性

レストランごっこで店の人になりきり、「何名様ですか」「少々お待ちください」と**実際に聞いた言葉を取り入れて使うこと**に喜びを感じる。**場にふさわしい言葉や役柄に適切な言葉に気付けた。**

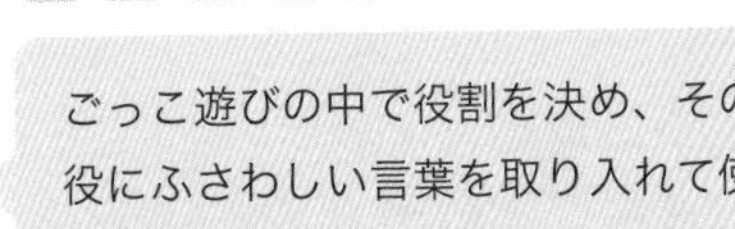

ごっこ遊びの中で役割を決め、その役にふさわしい言葉を取り入れて使うことに喜びを感じています。

相手の話を注意して聞く

健康 自立 協同 **規範** 社会 思考 自然 数・字 **言葉** 感性

声の小さい友達が自分の経験を努力して話していた際、**うなずきながらしっかりと受け止めていた。相手を思いやりながら、聞いていることをしっかりアピールする姿**に育ちを感じる。

神経を集中させて、友達の声に耳を傾けています。聞こうとする意欲が認められます。

紙芝居を読みたい

健康 自立 協同 規範 社会 思考 自然 数・字 **言葉** **感性**

保育者が紙芝居を読む姿に憧れを抱き、自分も遊びの中で**紙芝居を読んでお客さんに聞かせた。**お客さんが来てくれると張り切り、**声色を変えておもしろく読み、**拍手を嬉しく感じていた。

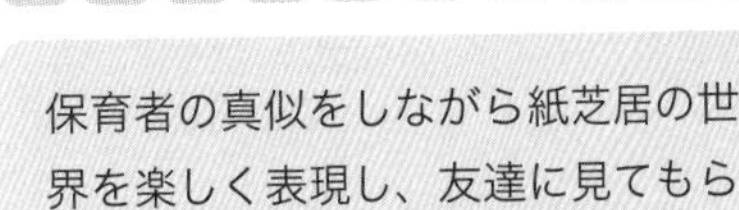

保育者の真似をしながら紙芝居の世界を楽しく表現し、友達に見てもらうことに喜びを感じています。

絵本のフレーズを使う

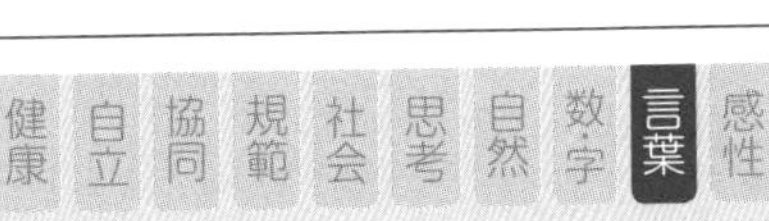

健康 自立 協同 規範 社会 思考 自然 数・字 **言葉** 感性

絵本に出てきた「大丈夫、大丈夫」という言葉が気に入り、何かがあっても**「大丈夫、大丈夫」と言って生活に応用している。**場の雰囲気がよくなったり、友達が笑顔になったりすることを感じている。

絵本の中の言葉を生きた言葉として生活の中で使っています。その言葉の効果も感じています。

風情のある言葉

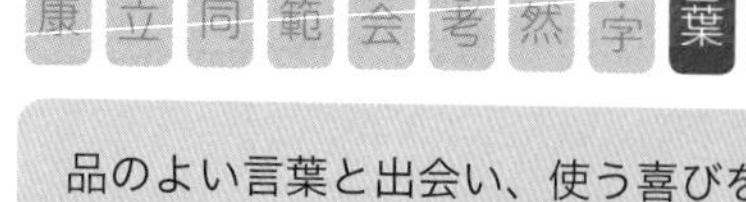

「お好きなように」という言葉を聞き、美しいと思ったようで、友達に何か言われると上品な風情でこの言葉を発する。様々な言葉を敏感に受け止め、豊かな表現を楽しんでいる。

品のよい言葉と出会い、使う喜びを感じています。様々な言葉と出会う機会が子どもの言葉を育てます。

言葉で元気付ける

健康 自立 協同 規範 社会 思考 自然 数・字 **言葉** 感性

収穫したサツマイモをビニール袋に入れて運ぶ際、あまりに重くてみんな顔をしかめて無口になった。その時、**「うんとこしょ、どっこいしょ」と言い始め、みんなを笑顔に**して運び終えた。

友達を元気付ける言葉を発して、場の雰囲気を明るくしています。言葉の力を感じています。

体験を詳しく伝える

健康 自立 協同 規範 社会 思考 自然 数・字 **言葉** 感性

正月に経験した初詣について、家族で石段を登ったことから鈴を鳴らしてお参りしたことまで、**詳しくみんなに話すことができた。様子を言葉で伝える力が育っている。**

自分の経験を順序立てて話すことができます。相手に伝わるような話し方を心得ています。

魚たちのセリフを考える

健康 自立 協同 規範 社会 思考 自然 数・字 **言葉** 感性

劇遊びで竜宮城の魚たちの登場を相談した際、**魚の特徴を生かした動きとセリフを考え、仲間に提案した。**セリフの中に魚の名前が入っていておもしろかったので、大笑いの中でそれに決定した。

魚の名前を入れ込んだセリフを楽しく仲間に伝えています。自分のアイデアを上手に表現できます。

理解できるまで聞く

健康 自立 協同 規範 **社会** 思考 自然 数・字 **言葉** 感性

農家の方のお話を聞きに行った際、相手の目を見てうなずきながら、しっかり受けとめていた。**「さっき言っていた、ナエドコって何ですか？」と分からない言葉を質問し、理解を深めた。**

能動的な聞く姿勢であることがわかります。何となく聞こえているのとは対照的なあり方です。

泣いている子に聞く

廊下で泣いていた3歳児に「どうしたの？」と声をかけ、「…ここ、痛い。ぶつけた」と、**とつとつと話す言葉に耳を傾け、どのような状況かを理解しようと努力していた。**

相手を理解したい、聞き逃すまい、という構えが感じられます。年下の子へのやさしい関わり方です。

10の姿 文例集

豊かな感性と表現

キーセンテンス 1
心を動かす体験をし、その感情を味わう

キーセンテンス 2
様々な素材や表現方法を知り、やってみようとする

キーセンテンス 3
感じたことを音や動きなどで表現する

キーセンテンス 4
友達と一緒に表現することを楽しむ

音への興味の広がり

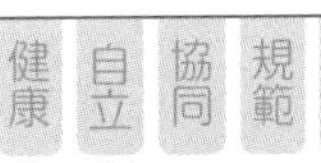

健康 自立 協同 規範 社会 思考 自然 数・字 言葉 **感性**

楽器遊びでは鉄琴に興味をもち、「お星さまの音みたい」と、その音色を十分に味わった。「流れ星の音」「星のケンカ」など、自分で考えた鳴らし方を披露した。**音に対するセンスの育ちを感じる。**

鉄琴の音に魅せられ、その美しさに心を奪われる体験をしています。そしてテーマに合わせて鳴らしました。

様々な素材の特徴に気付く

健康 自立 協同 規範 社会 思考 自然 数・字 **言葉** **感性**

レストランの看板を細いペンで塗っていた友達に、**「クレヨンの方がいいよ」と教えた。遠くからでもよく見えるよう太く大きくするためには、クレヨンを選ぶべきだと考えた**のだろう。その後、一緒に塗り始めた。

画材はいろいろあるが、現在の目的のためにはどれを選べばよいか明確に判断しています。

イメージを豊かにする

健康 自立 協同 規範 社会 思考 自然 数・字 言葉 **感性**

雨の日の雲の上をイメージしたところ、**たくさんの妖精が雨のしずくを工場でつくる楽しい絵を描いた。**これまでに見た絵本や遊びの経験から、イメージする力が付いていることを感じる。

見たことのないものに対しても自由な発想で豊かにイメージすることができます。

表現する意欲をもつ

健康 自立 協同 規範 社会 思考 自然 数・字 言葉 **感性**

ステージごっこで、マイクを持って一人で歌うことに意欲をもった。1曲歌った後もすぐに手を上げ、人前で歌うことに自信をもつようになった。**エントリーして何度も歌った。**

大勢のお客さんの前で表現することに喜びを感じ、意欲的に取り組んでいます。

考えたことを表現する

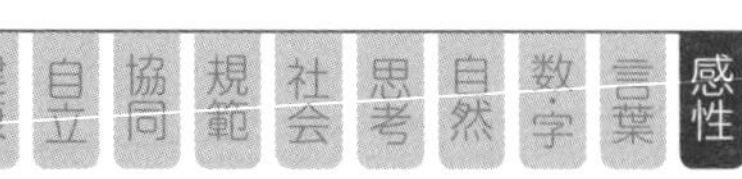

なわ跳びが好きで意欲的に挑戦した。また**「しゃがみ跳び」や「えびさがり跳び」など、おもしろいオリジナルな跳び方を考えて**友達と楽しんだ。自分の跳び方を友達が真似するのを嬉しそうに見ていた。

すでにある跳び方ではなく、新しい跳び方を開発することに情熱を燃やしています。

友達同士で表現する

健康 自立 協同 規範 社会 思考 自然 数・字 言葉 感性

妖精の役になり、音楽に合わせて妖精らしいダンスを友達と考えた。**新体操のようなリボンを使い、ヒラヒラさせる振り付けを加え、みんなの前で発表する**ことを楽しんだ。

なりたい役になったことで意欲的に取り組み、ダンスの振り付けを工夫し表現しています。

心揺さぶられる経験

健康 自立 協同 規範 社会 思考 自然 数・字 言葉 感性

絵本『かわいそうなぞう』を読んだ後、涙ぐみ余韻の中にじっとしていた。戦争について、命について、心揺さぶられる経験をしたと思われる。動物に対するまなざしが優しくなった。

絵本との出会いから今まで知らなかったことを知り、やるせない感情を味わっています。

竹馬に取り組む

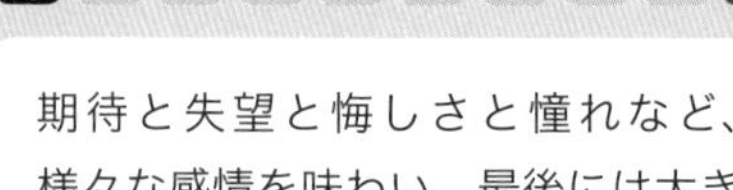

始めはのれる気がせず、竹馬は遠い存在で尻込みしていたが、**友達が挑戦する姿を見て練習を始めた。落ちる失望を繰り返し感じながらも手応えをつかみ、3週間後にはのりこなす満足感を味わった。**

期待と失望と悔しさと憧れなど、様々な感情を味わい、最後には大きな喜びを感じています。

こすり出しの美しさ

健康 自立 協同 規範 社会 思考 自然 数・字 言葉 感性

葉っぱの上に薄い紙をのせてクレヨンでこすると葉脈が現れることを「魔法のクレヨン」といって喜んだ。**クレヨンの色を変えながらその美しさを味わい、友達に見せて周った。**

新しい画法を知り、喜んで何度も試しています。心を動かされ美しさを十分に味わっています。

マーブリングを楽しむ

健康 自立 協同 規範 社会 思考 自然 数・字 言葉 感性

バケツに水を入れ絵の具をたらして指でくるりと回すと、**おもしろいうずまき模様ができることに心奪われた。**夏祭り用のうちわを染めて充実感を得て、他から来た友達にやり方を喜々として教えた。

うずまき模様の偶然の美しさは、自分の手ではつくり出せないものと気付き、十分に味わっています。

効果音を考える

劇遊びで、**クマが出るシーンではピアノの低い音をドカドカと弾いて、ハチが来る場面は高い音を速い動きで鳴らしたいと提案**した。みんなに認められ、ピアノ係になって活躍した。

自分なりにクマやハチのイメージを音で表現しようと工夫し、自分で演奏しています。

忍者らしさを追求する

忍者になって歩き方や身のこなしを研究した。つま先で歩くと音がしないことや、物陰に隠れながら素早く移動することを**忍術と称して仲間たちと共有し、表現を楽しんだ。**

なりきって遊ぶことを通して、仲間と忍者らしい動きを考え、工夫しています。

歌を友達と表現する

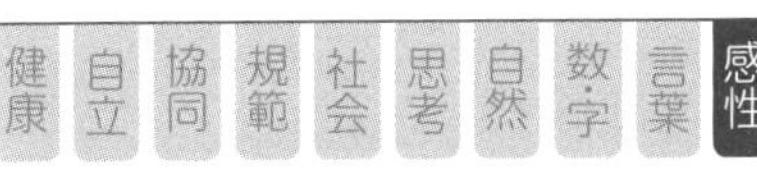

『森のくまさん』**をかけ合いで歌うことが楽しく、「次は私が先ね」と言いながら、2人で生き生きと表現し**た。みんなに認められると振り付けもしたいと相談し、考えを出し合いながら取り組んだ。

好きな歌を自発的に口ずさみ、気の合う友達との表現を楽しむ過程に育ちが見られます。

海賊らしい表現

海賊船には宝箱が必要だと考え、友達と相談しながら段ボール箱に黒い画用紙を貼った。**ふたがパカッと開くようにするために試行錯誤し「おれ様たちの宝箱だ！」と大切にしている。**

自分たちで役に必要な物を考え、工夫してつくり上げています。行動も役になりきり発信しています。

コンサートごっこ

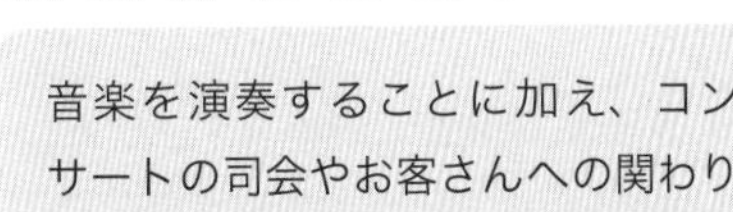

「これから、音楽会を始めます」と宣言し、友達と鍵盤ハーモニカで『きらきら星』を弾いて**客席の人に聴かせることを楽しんだ。**拍手をもらうと満足そうに「また来てください」と会を閉じた。

音楽を演奏することに加え、コンサートの司会やお客さんへの関わりで、十分に自分を表現しています。

野外ステージで表現

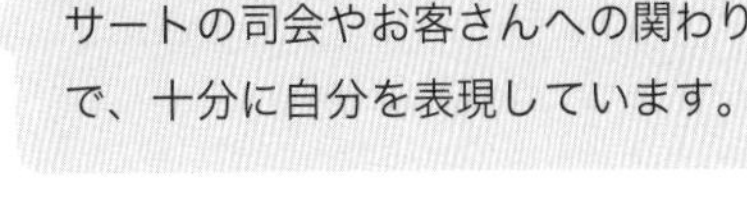

野外での劇遊びで、鳥の群れが通り過ぎた際、ぽかんと空を見上げたみんなに**「鳥たちも鬼ヶ島へ向かっているのじゃ」とアドリブで言った。その場の状況を読み取り、生かして表現できた。**

型通りの劇ではなく、1回1回をその時だけの最高のものとして、役を生きています。

著者
横山洋子
（よこやまようこ）
千葉経済大学短期大学部こども学科教授。国立大学附属幼稚園、公立小学校勤務ののち現職。著書に『保育の悩みを解決！ 子どもの心にとどく指導法ハンドブック』、『CD-ROM付き 子どもの育ちを伝える　幼稚園幼児指導要録の書き方＆文例集 第2版』（以上ナツメ社）、『根拠がわかる！ 私の保育総点検』（中央法規出版）など多数。

事例提供　写真協力
社会福祉法人豊福祉会
みつわ台保育園
千葉県千葉市の自然豊かな環境のもと、優しさや思いやりのある人間関係を育み、日々楽しく遊べる環境と生活リズムを整えることにより、豊かな未来をつくり出すたくましい子どもを育んでいる。

STAFF
カバーイラスト●とみたみはる
カバー・本文デザイン・DTP●3Bears（佐久間勉・佐久間麻理）
取材●小林洋子（有限会社遊文社）
本文イラスト●ささきともえ、とみたみはる、福島幸
マンガ●おおたきょうこ、倉田けい、sayasans、ヤマハチ
編集協力●株式会社スリーシーズン
編集担当●神山紗帆里（ナツメ出版企画株式会社）

子どもの育ちをサポート！ 生活とあそびから見る「10の姿」まるわかりBOOK

2021年3月29日　初版発行
2023年3月1日　第2刷発行

著　者　横山洋子
発行者　田村正隆

発行所　株式会社ナツメ社
東京都千代田区神田神保町1-52 ナツメ社ビル1F（〒101-0051）
電話 03（3291）1257（代表）
FAX 03（3291）5761
振替 00130-1-58661
制　作　ナツメ出版企画株式会社
東京都千代田区神田神保町1-52 ナツメ社ビル3F（〒101-0051）
電話 03（3295）3921（代表）
印刷所　広研印刷株式会社

ISBN978-4-8163-6980-3
Printed in Japan

本書に関するお問い合わせは、書名・発行日・該当ページを明記の上、下記のいずれかの方法にてお送りください。電話でのお問い合わせはお受けしておりません。
・ナツメ社webサイトの問い合わせフォーム
https://www.natsume.co.jp/contact
・FAX（03-3291-1305）
・郵送（左記、ナツメ出版企画株式会社宛て）
なお、回答までに日にちをいただく場合があります。正誤のお問い合わせ以外の書籍内容に関する解説・個別の相談は行っておりません。あらかじめご了承ください。